関原 正裕

関東大震災 朝鮮人虐殺の真相

——地域から読み解く

新日本出版社

目次

はじめに

一九二三年九月一日に発生した関東大震災のなかで、「朝鮮人が火を付けた、井戸に毒を入れた」、「不逞鮮人《ふていせんじん》襲来」などという全く事実無根のデマが流され、数千人もの朝鮮人と七〇〇人以上の中国人、日本人社会主義者が軍隊、警察、自警団によって殺されるという事件が起こった。

現在、関東大震災時の朝鮮人虐殺事件はほぼすべての中学・高校の教科書に長短はあるものの一定の記述がある。ではこの事件を若い人たちはどの程度知っているのだろうか。二〇二二年、筆者が非常勤講師として勤務していたある大学の「歴史学」という授業（一年生）で朝鮮人虐殺事件について扱った時のアンケート（七二人回答）によれば、「この授業の時まで知らなかった」と答えた学生が六八・一パーセント、「ある程度は知っていた」が三一・九パーセントであった。「知っていた」と答えた学生にどこで知ったかを聞いたところ（複数回答）、最も多かったのは「高校の授業で先生から」が六〇・九パーセント、次は「中学の授業で先生から」が二一・七パーセント、他に「テレビや新聞」、「ネット」がそれぞれ一七・四パーセントという結果だった。七割に近い学生は、事件を「知らなかった」と答え、「知っていた」と答えた学生の多数は中学・高校の授業で事件についての知識を得ていたようだ。

一九七八年に埼玉県の高校社会科教員になった筆者は、一九八〇年代末頃からさいたま市見沼区染谷での事件を取り上げ、日本史の授業で朝鮮人虐殺事件をほぼ一時間扱いで実践してきた。その後、九月一日の「防災の日」と関連させて、社会科の他科目を担当した時も二学期最初の授業はこの事件を特別授業として実施してきたこともあった。しかし、現在は筆者のように一時間使って事件を扱う教員は少数派のようである。

中学・高校の教科書に記述があるにもかかわらず、三一・九パーセントしか事件を知らないという実態を見ると、多くの学校では教員が必ずしも授業では扱っていないということだろう。関東大震災時の朝鮮人虐殺事件は、日本人として決して忘れてはならない事件である。しかし、現在の若者たちの状況を見ると、将来この事件そのものが歴史から葬り去られかねないという危惧を感じる。まずは、このような事件があったことを若い人は知ってほしい。

では、学校で使われている歴史の教科書で、この朝鮮人虐殺事件はどのように記述されているのか、少し見てみよう。

最も占有率の高い東京書籍の中学校の歴史教科書『新しい社会 歴史』(二〇二〇年検定済、二〇二三年度占有率五二・五パーセント)は、地震の被害状況の記述のあとに「混乱の中で、『朝鮮人や社会主義者が井戸に毒を入れた。暴動を起こす』といった流言が広がり、多くの朝鮮人、中国人や社会主義者などが殺されました」と書いている。

二〇二二年度から始まった高校の必修新科目「歴史総合」の最も占有率の高い山川出版社の教科書『歴史総合 近代から現代へ』(二〇二一年検定済、二〇二三年度占有率一八・四パーセント)は、地震の被害と救護活動の記述のあとに「警察・軍隊・避難民の流言から、住民が結成した自警団などによる朝鮮人や中国人に対する殺傷事件が起こった。さらに、大杉栄ら社会主義者、労働運動家が憲兵隊や警察・軍隊によって拘束・殺害される事件も起きた」と書いている。

両者ともに「流言」を事件発生の原因であるとし、東京書籍版はその具体的な内容を例示しているが、山川出版社版は書いていない。また、殺害の加害者について東京書籍版は何も触れていないが、山川出版社版は、朝鮮人・中国人については「自警団など」とし、社会主義者・労働運動家については「警察・軍隊」としている。

教科書を読むと、朝鮮人や社会主義者に関わる「流言」が広がり、デマの対象になった人々が殺傷された事件だということはわかる。しかしこれだけでは、地震などの大災害に際して「流言」などに惑わされずに、情報をいかに正確につかみ、冷静に判断するかといった災害時の心構えを教訓化するだけで終わってしまわないだろうか。確かに大規模災害時における情報把握は重要だとは思うが、この事件はそれだけの問題ではない。

なぜ朝鮮人が「暴動を起こす」「井戸に毒を入れた」などというデマが流され、なぜ日本人はそんなデマを信じ、人を殺害するまでの行動を取ったのだろう。このことを考えただけでも、朝鮮人への差別の問題、日本が朝鮮を植民地支配していた歴史と向き合わざるをえなくなるだろう。関東大震災時の朝鮮人虐殺事件を、日本の植民地支配の中に位置付けて見ていかなければ、この事件は単なる災害時の心構えの問題に終始しかねない。

本書で主に扱うさいたま市見沼区染谷で起こった朝鮮人虐殺事件は、犠牲者の氏名がわかり、墓があり、殺害時の状況もある程度判明している稀有《けう》な例である。民衆によって組織された自警団による朝鮮人虐殺事件を、地域に根ざして具体的に思い浮かべ、向き合うことができる事件である。染谷の事件だけでなく、埼玉の朝鮮人虐殺事件で直接虐殺に手を染めたのは民衆自身である。軍隊や警察は目に見えるかたちでは虐殺に関わっていないと思われるが、国家の側は様々なかたちで事件に深く関与し、また事件後には国家責任を隠蔽《いんぺい》するための工作も行っている。帝国日本の植民地支配の構造の中に軍隊、警察、行政、司法、そして日本人民衆を位置づけ、それぞれの有り様と負うべき責任について検討したいというのが本書のねらいである。

また、第六章では、戦後社会の中で事件がどのように調査・追悼され、また歴史教育でどのように実践されたかを埼玉の地域に根ざして整理し、日本人の加害責任の自覚について検討する。それは、私たちが一〇〇年前の日本人が犯した加害の歴史にどう向き合い、次の世代に継承するかのヒントを与えてくれるだろうと考えたからである。

なお、史料の中で「鮮人」あるいは「不逞鮮人」という言葉が、たびたび出てくる。植民地支配以降使われるようになった差別の意味を込めた表現であるが、史料の中では「　」を付けずに記述する。

第一章　歴史修正主義の台頭

まず、近年の関東大震災時の朝鮮人虐殺をめぐる言説状況について見ていきたい。残念なことに、朝鮮人虐殺の歴史を歪曲《わいきょく》する歴史修正主義勢力の動きが活発になっていると言わざるをえない。このことは、「はじめに」で書いたように学校の授業で扱われなくなっていることともつながっているかもしれない。

一九七三年、関東大震災から五〇年の年に、関東大震災五十周年朝鮮人犠牲者追悼行事実行委員会により、都立横網町公園内に都議会全会派の幹事長が名を連ねて協力するもとで「朝鮮人犠牲者追悼碑」が建立され、この年九月一日以来、毎年追悼碑の前で「関東大震災朝鮮人犠牲者追悼式典」が行われてきた。追悼式典には歴代都知事は追悼文を送り、殺された朝鮮人犠牲者を悼み、二度とこの歴史を繰り返さないとの誓いの場として広く知られていた。しかし二〇一七年、小池百合子都知事は追悼文の送付を取り止め、記者会見で朝鮮人虐殺についての認識を問われて「歴史家がひもとくものではないか」と答え、虐殺の事実に背をむける驚くべき姿勢を示したのだった。*1 小池都知事はその後も追悼文を送ることを拒否し、二〇二三年二月二一日、都議会であらためて朝鮮人虐殺の史実について質《ただ》されると、再び

「何が明白な事実かは歴史家がひもとくもの」と同じ答弁を繰り返している。

一方、追悼文送付を取りやめた二〇一七年から「そよ風」という団体が式典の妨害を始めた。「そよ風」は追悼式典と同日同時刻に独自の「慰霊祭」なるものを行い、「六千人虐殺は捏造《ねつぞう》・日本人の名誉を守ろう」「日本人を貶《おとし》める都立横網町公園朝鮮人追悼碑を許すな」と書かれた看板をかかげ、「不逞《ふてい》朝鮮人」が「震災に乗じて略奪、暴行、強姦」を行ったので、虐殺ではなく正当防衛だったなどと演説し、インターネット上でもこうした言説をまき散らしている。

こうした歴史修正主義の動きは、二〇〇九年に工藤美代子が『関東大震災「朝鮮人虐殺」の真実』（産経新聞出版）を出版してから始まっている。工藤は一見「学術的」な装いを凝《こ》らして、当時の新聞等で報じられた朝鮮人による「犯罪」「暴行」が実際に存在し、その目的は独立運動の一環としてのテロ活動であり、朝鮮人を「虐殺」したのではなく、自警団による「自己防衛」であったとしている。[*2]

このような歴史修正主義勢力による歴史歪曲を放置すれば、虐殺否定論が一つの「説」として認知され、虐殺は「あった」・「なかった」の二説があるという構図になってしまう。[*3] こうした状況をつくるのが彼らの狙いで、そうなれば教育現場では朝鮮人虐殺事件を教えることはたいへん困難になってしまうのだ。

朝鮮人犠牲者数

彼らは、これまで約六〇〇〇人とされてきた犠牲者数に対しても攻撃している。この攻撃が現実に教科書検定において影響を及ぼしている。二〇一四年、文科省は、社会科、高校地理歴史科・公民科の教科書の検定基準の改定を告示した。その中に「近現代の歴史的事象のうち、通説的な見解がない数字などの事項について記述する場合には、通説的な見解がないことが明示されているとともに、生徒が誤解するおそれのある表現がないこと」という基準を新設し、これに基づいて検定が行われた。

実教出版『高校日本史A』（二〇一七年度使用）の場合、本文で「軍隊・警察や自警団が、約六〇〇〇人以上の朝鮮人と約七〇〇人の中国人を虐殺した」、側注で「虐殺数は『在日本関東地方罹災朝鮮同胞慰問班調査』による。このほか、吉野作造調査の約二六〇〇人などがあり、虐殺された人数には異説もある」とした。これに対して文科省側は、本文の数字と注の数字を同じ重さで扱い、本文には数字を明記しない、また「通説的見解がない」という文言を表記することを要求した。その結果、本文には「軍隊・警察や自警団が、おびただしい数の朝鮮人と約七〇〇〇人の中国人を虐殺した」、側注には「虐殺された人数は、在日本関東地方罹災朝鮮同胞慰問班調査の約六六〇〇人、吉野作造報告書の約二六〇〇人、司法省調査の約二三〇人などがある。また、朝鮮総督府は虐殺を含む死者数を約八三〇人としている。このように虐殺された人数は定まっていない」とさせられたのである。[*4]

つまり、たとえ学問上の根拠が薄弱であっても、ある主張が存在すれば数字を本文に書くことはできず、側注にずらずらと数字を並べて書かされ、結局は虐殺の事実を薄める記述になったのである。従来、教科書で記述されてきた約六〇〇〇人という数字は、震災当時上海にあった大韓民国臨時政府が複数の特派調査員を日本に派遣し、一九二三年一〇月末から約一カ月間調査を実施した六六六一人（在日本関東地方罹災朝鮮同胞慰問班の調査）という犠牲者数を根拠にしている。[*5] この調査は一部のダブルカウントや不明確な地名があるなど正確でない点があることは以前から指摘されていた。しかし、この数が実態と極端にかけはなれていることを積極的に示す資料はない。内閣府の中央防災会議の報告書（二〇〇八年）は「殺傷事件による犠牲者の正確な数は摑《つか》めないが、震災による死者数の1～数パーセント」にあたるだろうとしている。関東大震災の死者数は一〇万五三八五人とされているから、五パーセントとしても五二六九人である。ここから中国人犠牲者を除外しても、朝鮮人犠牲者の人数は四〇〇〇人を超えることになる。

現時点では、犠牲者数は約六〇〇〇人という数字を念頭に置きつつも、残念ながら「数千人」といわざるをえないだろう。また、軍隊・警察による虐殺は一切無視し、一部の自警団事件の犠牲者数のみをまとめた司法省調査の二三〇人は論外である。

なお、慰問班の調査が不正確になった理由は、当時の警察が徹底して遺体を隠し、調査を妨害したからであることはいくつかの証言で明らかにされている。たとえば、犠牲者の遺体の焼却処理にあたった埼玉の本庄署の元巡査新井賢次郎は「何しろ『数がわからないようにしろ』というお上の命令なので、残ったのは、又やりなおした」と証言している（後述する『かくされていた歴史』より）。そして、犠牲者数が確定できない最大の理由は、国自身が朝鮮人虐殺について裁判になった一部の自警団事件以外全く調査を行っていないことにある。犠牲者数が正確に判明しない責任は国家の側にあることを忘れてはならないだろう。

埼玉の犠牲者数

埼玉における朝鮮人犠牲者数については、『増補保存版　かくされていた歴史―関東大震災と埼玉の朝鮮人虐殺事件』（関東大震災六十周年朝鮮人犠牲者調査追悼事業実行委員会、一九八

表１　埼玉における朝鮮人犠牲者数

	当時の調査・新聞報道			今回の調査活動		
	吉野作造（圧迫と虐殺）	金承学（朝鮮同胞慰問会）	諸新聞の報道	確認出来た最低数	その他、証言には出てくるが確認にまでいたっていない数	計
川　口	33		30～70			
大　宮	2	1				
大宮機関車庫裏			1			
片柳村			1	1		1
熊　谷	61	60	43	57	11～22	68～79
本　庄	86	60	86	88	13～14	101～102
神保原	24	25	35	42		42
寄　居	(14)	(13)	1	1		1
深　谷				1		1
児　玉				1	1	2
桶　川				1		1
戸　田				1	4～9	5～9
上　尾					1	1
合　計				193	30～47	223～240

※当時の調査のうち、荒川附近、埼玉県芝公園、北葛町、早稲田村については、あきらかに東京での事件と判断され、また妻沼についても、一名の日本人が殺害されたものであることがはっきりしているのでこの表からはのぞいてある。また寄居の当時の調査の数についても、あやまりであることがはっきりしているので（　）を附した

出所：関東大震災六十周年朝鮮人犠牲者調査追悼事業実行委員会『増補保存版　かくされていた歴史』1987 年

七年）にその全体が記載されている（表1）。この資料集は、関東大震災から五〇周年の一九七三年七月、日朝協会埼玉県連合会の呼びかけにより「関東大震災五十周年朝鮮人犠牲者調査追悼事業実行委員会」が結成され、埼玉県における関東大震災時の朝鮮人虐殺事件の全県的な調査が行われ、翌一九七四年にその調査報告書として『かくされていた歴史』（旧版）が刊行された。内容は埼玉での朝鮮人虐殺事件の概要と特徴をまとめ、聞き取り調査によって得られた六五件の目撃証言、当時の主要新聞記事、政府関係文書及び当時の調査記録、県内関係の資料、美談として残されている記録など、多数の資料を収録している。

なかでもこの時の調査によって確認できた朝鮮人犠牲者の数を最低数一九三人、「証言には出てくるが確認にまではいたっていない数」を三〇～四七人、総計二二三～二四〇人と結論付けたことは、今日犠牲者数が明確でないことを理由に事件自体がなかったかのように主張する歴史修正主義勢力の攻撃があるなかで、きわめて貴重な成果であった。

その後、新たに発見された資料を追加収録して、一九八七年に「増補保存版」として刊行された。この地域資料集については、以後『かくされていた歴史』と記載する。

※なお、『かくされていた歴史』増補保存版については、日朝協会埼玉県連合会にご連絡いただければ、一冊三〇〇〇円でお分けいたします。

宛先は次の通り。三三〇‐〇〇六三　さいたま市浦和区高砂二‐三‐一〇黒澤ビル。

注

＊1　この経緯と意味については、田中正敬「小池都知事の追悼辞送付取りやめとは何か―関東大震災朝鮮人虐殺をめぐって―」『歴史学研究』第九六八号、二〇一八年三月。

＊2　工藤の著作に対しては山田昭次が「関東大震災・朝鮮人虐殺は『正当防衛』ではない」（『世界』第八〇九号、二〇一〇年一〇月）で、朝鮮人の犯罪報道が虚偽であったこと、正確な犠牲者数が調査できなかったのは虐殺の事実を隠蔽しようとした官憲にこそあること、など批判している。

＊3　加藤直樹は『トリック「朝鮮人虐殺」をなかったことにしたい人たち』（ころから、二〇一九年）で虐殺否定論が史料「解釈」のトリックであることを論じている。

＊4　小松克己「教科書づくりと二〇一五年度検定の実態―実教出版『高校日本史A』の場合（上）」『歴史地理教育』第八五九号、二〇一七年一月。

＊5　姜孝叔「関東大震災当時の被虐殺朝鮮人と加害者についての一考察」（姜徳相《カンドクサン》・山田昭次・張世胤・徐鍾珍ほか『関東大震災と朝鮮人虐殺』論創社、二〇一六年）に詳しく調査活動が書かれている。

第二章　虐殺の引き金になった県の「移牒」

1 片柳村染谷での事件

震災直後の一九二三年九月四日午前三時頃、埼玉県南部にあたる北足立郡片柳村染谷（旧大宮市、現さいたま市見沼区染谷）に迷い込み、地元の自警団と遭遇した一人の朝鮮人青年姜《カン》大興《デフン》（当時二四歳）が自警団員によって虐殺されるという事件が起こった。

まず、事件現場となった片柳村について簡単に説明しておきたい。片柳村は大宮駅からは東に約六キロ、岩槻駅からも南に約六キロと市街地からは離れたところにあり、一八八九年旧大宮市域の東南部の一三か村を合併して成立した比較的大きな村である。東新井・上山口新田・南中丸・片柳・山・南中野・笹丸・中川・染谷・加田屋新田・御蔵・西山村新田・見沼領新右衛門新田の一三か村で、合併時の戸数は五五三戸、三四五七人で旧大宮市域では最も大きかった。旧村にはそれぞれ区長がいて、旧村の代表であるとともに、村からの伝達・連絡を旧村内に伝えるなど村政に従事していた。事件現場の染谷は第三区であった。

片柳村の主な産業は農業で、村の人々は、各種の芋や野菜を近隣の街に売りに行ったり、見沼田んぼにやってくる鳥を撃って売るなどにより生活していた。なお、片柳村の震災時の被害は、死傷者ゼロ、家屋の全潰一戸、半潰五戸（当時の全戸数六一八戸）、片柳小学校の校舎が「二寸位傾斜」したとされており、旧大宮市域全体の死者が三一人、負傷者四三人、全潰八八戸、半潰一三八戸と比べると比較的軽微であった。大宮町では国鉄大宮工場の建物が崩れ落ちて二四人の犠牲者が出ているほどであるから、片柳村でも地震の揺れ自体はかなり激しかったと想像される。*1 一日の地震発生以降、二日、三日と余震は続き、家の中には居られず、屋外で生活していたというが、死傷者の発生や家屋倒壊はほぼなく、震災の被害という点では大きな混乱はなく、村の秩序は維持されていたと見てよいだろう。

全身二〇数か所の傷

九月四日の事件の様子を、読売新聞（一九二三年一一月四日）は「蜂の巣のごとく――槍で頭を突き刺す――」との見出しで、次のように報道している。予審決定書をもとにした記事だが、朝鮮人の殺害状況をこれほど詳しく記述した記事はたいへん珍しい。

同村地方は大宮駅に近きため、流言蜚語《ひご》早く起り単に東京の事のみならず、県立浦和中学校や埼玉県庁が鮮人の襲撃を受けつゝ、ありとの怖しき流言伝はりたるため、村民一同不安にかられ村当局から注意もあった為め、一同日本刀其他の兇器を相携へ警戒の折柄、四日午前三時頃同字山方面に鮮人姜大興（二四）逃れ来り、染谷地内に入るや不逞鮮人なりと思惟し、警鐘を乱打して同村大字染谷A（二〇）、B（二〇）の両名は字八雲耕地に追撃し、Aは後背部から槍で胸部を突刺したので畑中に転倒した、起上る所をBは日本刀で左肩部を斬付け、Aは更に槍にて前額を蜂巣の如く突き殴打し、C（四六）、D（三二）両名は日本刀で、Dは右腕をCは臂部を深く斬付け、E（四〇）は槍を以って後頭部を突刺し、因って同鮮人を殺害したものである。

浦和地裁の判決[*2]では、当時の状況がもう少し詳しく書かれており、総合すると次のようであった。犠牲となった姜大興は、少なくとも溝や畑で二回転倒しながら、抵抗することなくひたすら逃げたが、少なくとも五人の男たちに追い回され、槍や日本刀で胸、左肩、前頭部、右腕、臂、後頭部を執拗に突き刺され、斬り付けられて重傷を負い、大宮町の萩原病院に収容されたようだが、四日午前九時頃死亡するに至ったという。

当時、旧制中学四年生で、事件を目撃した高橋武男の『かくされていた歴史』に載る証言では、犠牲者はすぐに絶命したわけではなく「切傷や突き傷が多くて、戸板へ乗せて病院に収容しようとして大宮に持っていったんです。それで今の開成高校のあがった所に坂がありますけど、あの坂をおりた所あたりで息をひきとったと聞いています」とあり、大宮の病院に行く途中で死亡したようである。

後述する高橋吉三郎のメモによれば、姜大興の体の傷は「中々大ニシテ 大ナルガ三四カ所 大小二十何カ所モアリシ」と書かれており、全身二十数か所も傷付けられ、おそらく血だらけになり、数時間にわたり痛みに悶え苦しみ、絶命したのだろう。

まさに〝虐殺〟という表現が相応しい殺害の態様であった。何の落ち度もない青年が、朝鮮人であるというだけで「不逞《ふてい》鮮人」襲来との嫌疑をかけられ、虐殺されるという誠に理不尽かつ残忍な事件であった。

「朝鮮人姜大興墓」

事件現場のすぐ近くに常泉寺（曹洞宗）という寺院があり、その墓地に姜大興の墓がある（図1）。高橋武男の三男にあたる高橋隆亮と日朝協会埼玉県連合会は、二〇〇七年から犠牲者の命日である九月四日に常泉寺で「朝鮮人犠牲者追悼会」を毎年開催し、筆者自身も当初から関わってきた。武男は墓を建てた時期について「すぐだと思いますよ、大正一二年のう

図１　姜大興の墓

ちじゃないですか」と筆者に語っていた。戦前に日本人が建てた関東大震災時の朝鮮人犠牲者の墓碑、追悼碑は一〇基確認されているが、この証言のとおりだとすれば、この墓は日本人が最も早く建てたものである。また、犠牲者個人の名が刻まれた墓は三基のみで、そのうちの一つにあたる。なお、写真の下の漢詩が刻まれている部分は、二〇〇二年のサッカー日韓ワールドカップ開催を前に、当時の小山元一住職が日韓友好を願って建てたものである。
墓には次のような文字が刻まれている（図2　拓本）。

〔正面〕　朝鮮人姜大興墓
〔左側面〕　大正十二年九月四日
　空　朝露如幻禅定門位
　関東地方大震災ノ節当字ニ於テ死亡
　施主　染谷　一般

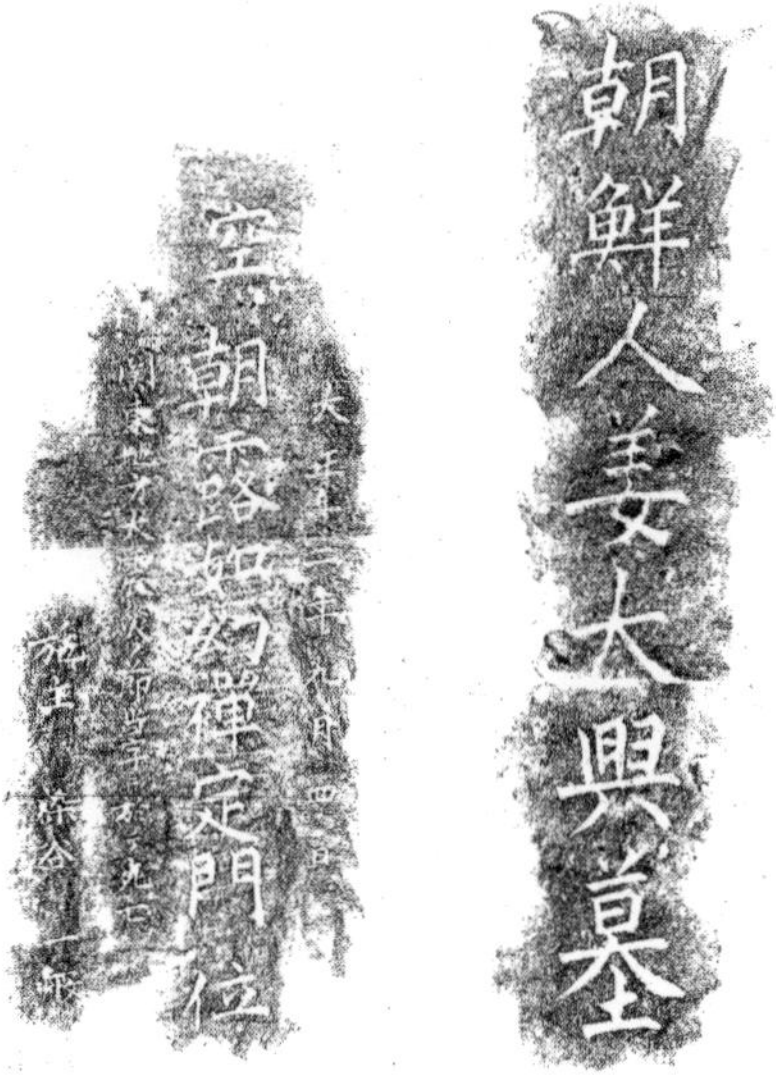

図2　姜大興の墓に刻まれた文字（拓本）

正面に大きく「朝鮮人姜大興墓」と刻まれ、左側面には虐殺された日付「大正十二年九月四日」、「空朝露如幻禅定門位」という戒名、「朝露」は四日の朝に亡くなったので付けられたという。そして「関東地方大震災ノ節」この染谷に於いて死亡したと刻まれている。殺害したとは書けず「死亡」という表現に止まっ

図３　姜大輿の位牌

たことには、不十分さを感じるが、墓を建てた「染谷一般」つまり染谷の人々が犠牲者を追悼して建てた思いは伝わってくる。常泉寺には犠牲者姜大輿の位牌も保存されている（図３）。寺としても追悼を続け、遺族が見つかれば、お渡しすることを考えていたのだろうか。染谷の人々にとっては思い出したくない事件だろうが、このように犠牲者の墓が存在することは、朝鮮人虐殺の動かぬ証拠の一つといえるだろう。

高橋吉三郎と区長関係文書、手帳

事件当時、染谷の区長を務めていたのは武男の父の高橋吉三郎という人物で、一八八五年一〇月二八日生まれ、事件当時は三七歳であった。吉三郎は、事件に関わる区長関係文書、事件に関するメモなどを残してくれていた。孫にあたる高橋隆亮の話によれば、吉三郎は地元の片柳小学校卒業後、県立浦和中学に進学、大学への進学を希望するが、父親から「大学などに行くとアカになるから」と認めてもらえなかったという。日本で最初の社会主義政党、社会民主党が誕生したのは一九〇一年だから、吉三郎が一六歳中学四年生の時で、父親が心配するような時代状況もあったのだろう。あるいは、吉三郎自身にもそうした傾向があったのかもしれない。

高橋家は、この父親の代から吉三郎の代の頃、織物業を手掛けて相当な財を築き、得た資金で染谷の多くの土地を購入し、地主として成長していったという。吉三郎の代には肥料会社を設立したり、村の人々への金融業も行っていた。また、吉三郎は村の人々を講に組織して大山、御岳山、榛名山などへ参拝旅行をするなど、村の人々の親睦にも気を配っていた。

染谷の八雲神社に「篤志記念　一金五百円也　高橋吉三郎殿」と刻まれた石碑がある。これは一九二五年に染谷内の村道を敷くにあたって、砂利の費用五〇〇円を吉三郎が寄附したことへ染谷の村民一同が感謝の意をこめて建てたものである。区長の役割には里道修繕、掃除、河川の浚渫《しゅんせつ》など村の機能に関わる側面と徴税、教育、衛生など村長の命令に基づく行政末端機構としての側面がある。*3 吉三郎の行動を見ると、行政の末端という自覚も持たされていたとは思うが、一方で多額の私財を投じて村の人々の生活向上に尽くしたり、村の親睦に努めたりする意識が強い区長だったと考えられる。

二〇一五年、吉三郎が保管していた事件に関わる区長関係の通知類、封筒及び自警団の夜警に関わる「支出覚」を高橋隆亮が自宅で発見した。通知類は、玄関のすぐ横の大きな簿記机の引き出しのなかに一括して丸められてあり、外見からは何の書類なのかは全く分からなかった。さらに二〇一六年には、同じ場所から事件に関する経過を記録した吉三郎の手帳を筆者が発見した。手帳の記録については、さしあたり「吉三郎メモ」と名付ける。手帳には、村の人々と訪れた伊勢・宮島・京都などの旅行記、大山登山、一人で放浪の旅に出た「遊々の記」と題する文も収められており、日付ごとに記した日記のような性格のものではない。吉三郎は他にも米価、川越での陸軍特別大演習、折々の家庭訓、榛名山紀行、欧州の戦乱、などを記した「思乃まにまに」と題した大正初期頃のノートも残していて、かなり筆まめな人物であったと思われる。

吉三郎が事件に関係する通知類を捨てずに保存し、「吉三郎メモ」も残していたということは、おそらく自ら区長を務めていた染谷で起こった朝鮮人虐殺事件について何らかの特別な思いがあったからではないかと推察できる。「吉三郎メモ」の中の朝鮮人虐殺事件の記事の最初のページの上には「大正十弐年九月一日十一時五十七分　大震起ル」（図4）とやや

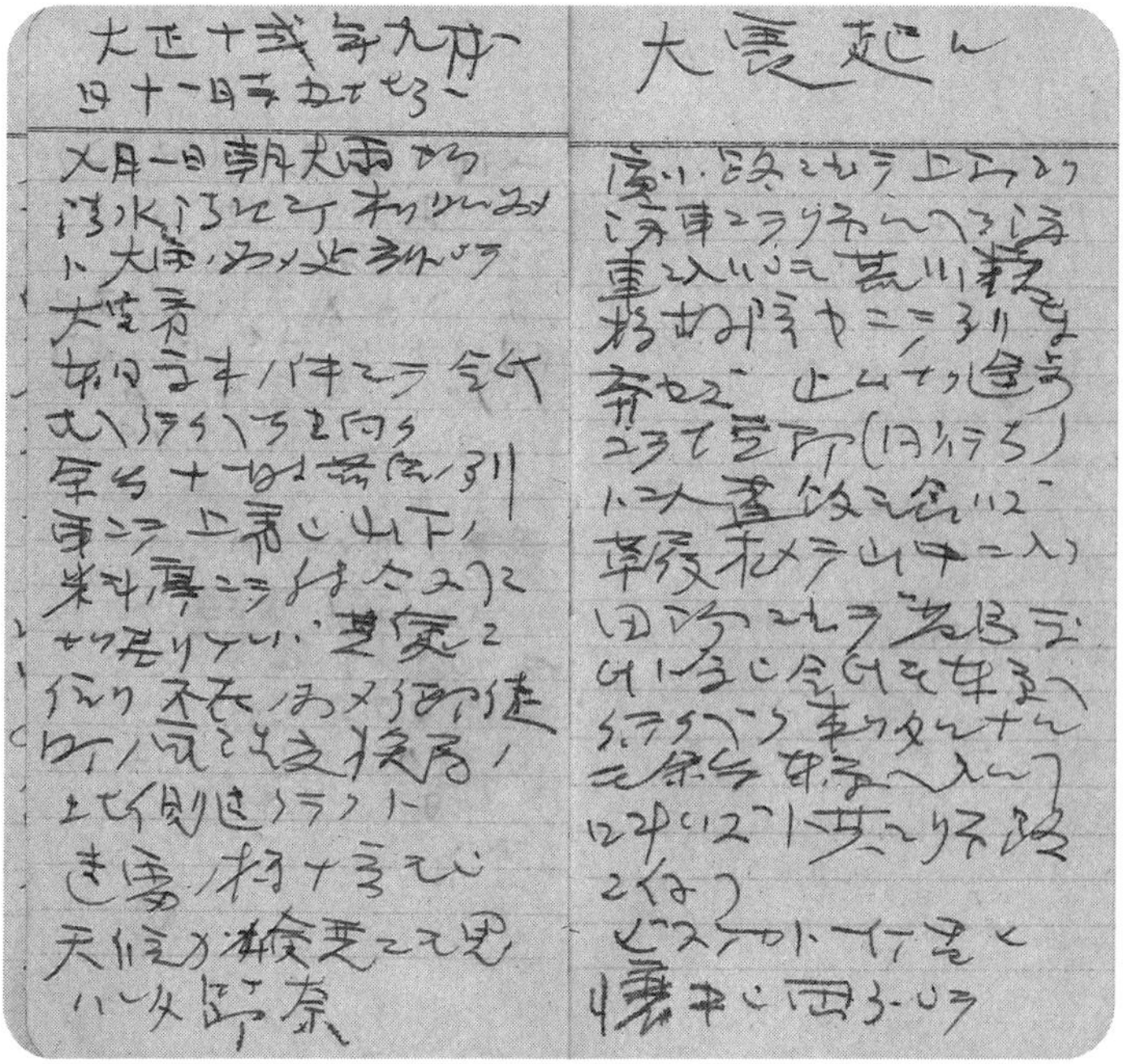

図4　高橋吉三郎による事件についてのメモ

大きな文字で表題が記されている。そして二〇ページにわたって、九月一日の大震災発生直前から書き起こし、事件の発生、被疑者の検挙、取り調べ、公判、判決、恩赦に至る一連の経過が記されている。最後のページには「十三年三月十五日　特別ニ執行猶予赦免サル　此記事ハ証年□后記シタルモノナレバ漫ハ覚違アルモ写シ□シ」とある（□は判読不明、以下同じ）。

　これらは事件翌年の一九二四年三月一五日に有罪判決を受けた自警団員たちの執行猶予が免

ぜられたことを機に、自身の日記などの記録をもとにこの手帳にまとめて記述したものであると考えられる。「吉三郎メモ」は朝鮮人虐殺事件を起こした自警団の当該の区長が事件のてん末について書いた記録であり、地域における関東大震災時の朝鮮人虐殺事件を解き明かす一級の史料というべきものである。

2　三日午後から始まった「不逞鮮人」問題

『かくされていた歴史』には埼玉県北部の本庄で、当時青年団員として駅で救護に当たっていた栗田剛の次のような証言がある。「二日になって汽車が動き出し、避難民が続々本庄駅にやってきました。私達は、二日ごろから避難民の救護にあたりました。この頃になって、やっと東京のことの片鱗が判ってきました」と述べた後、「三日だと思いますが、郡書記の門平文平氏が、駅で集まっていた主だった人達に、県の通牒《つうちょう》文を読み上げたのだそうです。その内容は、たちまち広がりました。その通牒以前は、殆《ほと》んどの人は朝鮮人の暴動という事を知らなかったと思います」と言っているのである。「郡書記」とは、本庄町を管轄していた児玉郡役所の書記のことであり、「通牒文」とは、後述する埼玉県が発した「不逞鮮人暴動に関する件」という「移牒《いちょう》」である。

九月三日、埼玉県の「移牒」によって本庄の人々ははじめて「朝鮮人の暴動」という流言蜚語を耳にしたというのである。このことは「移牒」と流言蜚語の発生、拡散の関係を見るうえできわめて重要である。

三日「不逞鮮人ノ件生スベシ」

「吉三郎メモ」によれば、九月一日、吉三郎は大宮駅を午前一一時頃の列車に乗って上野に行っている。上野の山下の料亭で打ち合わせをすることになっていたが、相手が不在だったため、御徒町《おかちまち》の電話交換局の北側に行ったとき大震災に遭遇する。その後、上野から汽車に乗ろうとするが、荒川の鉄橋が被害にあったということで、発車できず、吉三郎は徒歩で王子まで行き、そこで運よく貨物自動車が来たので無理に乗せてもらい戸田橋まで来る。そこから蕨《わらび》まで歩き、そこからは自転車で自宅にたどりついている。帰宅の時刻は午後六時頃だったという。

上野から王子、荒川を戸田橋で渡り戸田、蕨、その後おそらく中山道から岩槻道を経て帰宅したもようである。途中、同行する者が二人登場するが、ビスケットを分けて食べたとか、「本日ノ大災害ニ驚クヨリ外ナク恐怖ノ様ナリ」と語られているだけで、「不逞鮮人」に関わることは一切記録されていない。

そして、翌二日のことは何も書かず、突然「三日午後三時頃ニ不逞鮮人ノ件生スベシ　急報役場ニ到着セシト　消防、在郷軍人青年団共同ニテ夜番スルコトニ決定ス」と書く。片柳村役場に「急報」が届いて「不逞鮮人」の問題が発生し、消防・在郷軍人・青年団で夜警することになったとしている。その後に「12．9．3夜　9　4午前3時」と手帳の上部に姜大興の事件の発生した日時を表題のように記し、「日将《まさ》ニ暮ントスル頃ヨリ様々ノ情報頻々トシテ来リ浦和ハ鮮人ノ襲来ニヨリ縣廳《けんちょう》ハ今将ニ放火サレントシ」と書き始める。日が暮れようとする頃ということは、午後六時過ぎだろうか、この頃になって流言蜚語が出現したとしている。また、「今二時間軍隊ノ出動ナカリセバ」とも書いている。「軍隊ノ出動」との記述があることを見ると、九月三日夕方の段階で、吉三郎は東京で戒厳令が出され、軍が出動していることを知っていたと思われる。そして、「後家人ヲ強姦シ□□□□ト号外ガ」と新聞の号外のことと思われる記述もこの後に出てくる。流言蜚語や「不逞鮮人」の動向を報じた新聞号外のことは、役場からの「急報」の後に出てくるのである。

新聞号外の虚偽報道

関東大震災により東京の新聞社はみな被災し、数日間発行不能の状態に陥った。かろうじて罹災を免れた東京日日新聞が六日付朝刊から、報知新聞が五日付夕刊から、都新聞が八日付夕刊から再開にこぎつけている。吉三郎が購読していた東京朝日新聞は一二日付から再開している。*4 図5にあるのは茨城県水戸市で印刷された九月三日の報知新聞第二号外（タブロイド版ではなく大きなブランケット版）で、記事中に三日午後四時の情報も記述されているので、三日の夜に配布された可能性のある、早い段階の号外で、これが片柳村染谷に配布されていたかどうかは不明である。左上には「社会主義者の大放火団横行　人心競々生きた心地がない」、右の下には「不逞鮮人跋扈《ばっこ》　井戸へ毒薬を投じ廻る　三十名の一団逮捕さる」という見出しが躍っている。もちろん、これらは全くの虚偽報道であるが、人々に与えた「恐怖」は相当なものだったであろう。

図5　水戸で1923年9月3日に発行された「報知新聞第二号外」

「スワ鮮人ノ襲来」「来タート大声」

さて、三日午後、役場に「急報」が届いた後、片柳村染谷は緊迫につつまれていく。「吉三郎メモ」によると、日本刀や槍で武装した自警団員が吉三郎の家の「門前ニ一旦《いったん》集リ部署ニ付」いたとあり、続いて姜大興が染谷に向かってくる場面が記述されている。まず「一時頃ト覚シキ頃南山崎方面ニ警鐘鳴リ火災如キニ見エタルアリ　スワ鮮人ノ襲来ヨ　ト各人驚ク」とある。南山崎という地名はないが、染谷から南西方向の浦和の木崎方面へ約二キロの所に山崎（現さいたま市緑区山崎）があり、その南方と見られる場所で、午前一時頃警鐘が鳴ったのだろう。

埼玉県の警察は、県南部で多数の朝鮮人を「保護・収容」し、九月三日夜から中山道を北へと連行を始めたが、[*5]姜大興はその途中、現在の北浦和駅付近で中山道から岩槻への道に逃げて、山崎付近から片柳村方面へと迷い込み、染谷の自警団と遭遇することになったと思われる。

次に「二時半頃山方面ニ警鐘乱打シ□□ト西□方面ニ向フ　来タート大声ニ呼ハル芝山ノ前ヨリト余ハ□虚言ノ□聞キシカバ　ウソナリト思ヒテ（中略）遂ニハ□所村ノ田ノ方ニ向

ツテ来タート連呼シヌ」と続く。午前二時半頃に「山方面ニ警鐘」（「山」とは染谷の南西方向にある旧村の名）が乱打され、「来ター」という大声が聞こえたという記述である。吉三郎は「ウソ」だと思ったが、「来タート連呼」する声を聞き、本当だと考えたようだ。事件直前まで吉三郎はまさか本当に「不逞鮮人」が襲撃に来るとは考えていなかったようだ。

九月一日に上野で震災に遭遇し、午後六時にようやく片柳村に帰宅し、翌二日には震災に関する記述はなく、三日の「午後三時」に役場からの「急報」がまずあって「不逞鮮人」の問題が起こり、その後に追い打ちをかけるように流言蜚語が広がってきたという順番で記述されているのである。そして「急報」の重要な点の一つ「不逞鮮人」の「襲来」について、吉三郎は事件直前まで半信半疑だったのである。この「急報」は埼玉県から郡役所を通じて各町村さらに各区長に指示された「移牒」であるが、その内容については後述する。

三室村、「不逞鮮人襲来ストノ報」

片柳村と同じ北足立郡役所管内で、芝川を挟んで南に位置する隣の三室村（現さいたま市緑区）の三室小学校の「学校沿革誌」[*6]の一九二三年九月一日には、三室村の名誉職一同が「宮城拝観ノ光栄ニ浴シ」新宿御苑にいたところで震災に遭遇し、一同は徒歩で午後一〇時に帰宅したと記述されている。東京の警視庁管内で九月一日「午後三時頃　社会主義者及ビ鮮人ノ放火多シ」という流言が発生していたという官憲側の記録があり、一日の午後には東京のどこかで流言蜚語が発生していたようだ。[*7]この中を避難してきたとすれば何らかの流言に接していた可能性はある。しかし、東京での流言蜚語については何も書かれていない。翌日の九月二日は日曜ということもあってか、この日の記載はない。

しかし、九月三日に「郡役所ヨリ不逞鮮人警備ニ関スル通牒アリタリ、午後三時頃不逞鮮人襲来ストノ報ニ接ス浦和附近ノ各町村全部警鐘ヲ乱打ス、本村ニテモ消防組、軍人分会、青年団員、学校職員、役場吏員等全部出勤シ警戒ノ任ニ当ル、続テ夜警ヲナス」というように「不逞鮮人警備ニ関スル」郡役所からの「通牒」が届き、「午後三時頃不逞鮮人襲来ス」との情報が入り、各町村で警鐘が乱打されて緊迫した状況になっていったことを物語る記述を見ることができる。

同じ時刻頃の三室村から南西方向に三・五キロ程の浦和町の状況について、九月四日の上毛新聞は「警鐘を乱打し　浦和町の大警戒　東電浦和開閉所より前橋支店に報告した処に依ると鮮人多数入町し為めに各町に於て警鐘を乱打し之が防禦《ぼうぎょ》に当って居る町中は鼎《かなえ》の涌いた様な騒然たる状況である。（午後三時二十四分記）」[*8]と伝えている。ここからも九月三日午後に緊迫した状況になっていったことがわかる。

三室村では「不逞鮮人」問題の発生は、九月三日郡役所からの「通牒」と午後三時頃から広がった流言である。しかも、「吉三郎メモ」と同じように役所からの「通牒」の後に「不逞鮮人襲来」という流言を記述している。

安行村、「戦時以上ノ気分」

さらに同じ北足立郡役所管内の安行村《あんぎょう》（現川口市東部の安行）の青年団領家支部長の長島彦太郎（以後、彦太郎）の詳細な震災の記録「関東大地震実記」[*9]から見てみよう。安行村は川口駅からは北東方面に約六キロ離れた農村地帯である。片柳村とは地盤の違いもあるのか、住宅の全壊九九戸、半壊六六戸、死者六名というかなりの被害が発生している。

「関東大地震実記」は、「第一震動」「第二震害状況」「第三震害見聞」「第四夜警ト鮮人騒ギ」との構成で、安行村では朝鮮人虐殺事件は起こらなかったようだが、「第四」で夜警、流言蜚語、役場からの通知などたいへん詳細に記述されている。まず村で倒壊家屋や死傷者も多く戸締りもできない家が大部分だったので自警の必要を感じ、九月一日には自警団が組織される。その後、巡査が詰所に来て東京の火災の状況とともに「小菅《こすげ》刑務所カラ一五〇人モ囚人ガ逃走シタカラ諸君方モ一層警戒スル様ニ」と言われて「人心緊張シテ殺気立ツテ来タ」と記述している。「不逞鮮人」ではないが、一日午後に警察官から「囚人ガ逃走」との情報が伝えられて「殺気立ツ」状況になっている。しかし、この時点で自警団の武装等については書いていない。

彦太郎は九月二日、王子で圧死した親戚と思われる芳蔵の遺体を引き取りに五人で東京に行っている。風が強く燃え残りの紙類が安行近くへも降ってきたなどの記述はあるが、「不逞鮮人」に関わる流言は何も書いていない。王子警察署は「九月一日午後四時突如トシテ鮮人放火ノ流言管内ニ起コリ、更ニ二日以降ニ至リテハ、毒薬ノ撒布・爆弾ノ投擲《とうてき》・殺人・掠《りやく》奪《だつ》等、アラユル暴行ノ状態ヲ伝ヘタリ」と報告している。*10 王子は東京の中でも一日午後四時という最も早い時期に流言が発生したとされる場所である。王子警察署の報告のとおり「不逞鮮人」の「放火」「毒薬」「爆弾」「殺人」「掠奪」「アラユル暴行」といった流言を彦太郎が王子で聞いたとすれば、二日中に安行村に帰ってきた青年団領家支部長が流言について何も書かず、何の行動も呼びかけなかったとは考えられない。

彦太郎は流言を耳にしなかったか、耳にしたもののその流言は一定の緊迫感を伴って彼の記憶に残り何らかの行動を起こすほどのものではなかったのではないだろうか。王子での証言の一つに「九月二日　本日午後より不逞鮮人この際或る行動を起せりという流言甚だし。（略）夜半（午前二時頃）不逞鮮人約三〇〇余人、尾久町方面より王子町に侵入、堀の内方面にては既に町民と鮮人との間に争闘開かれたりとの報」[*11]というのがある。王子では二日の午後以降に流言が現れたというのだ。一日午後四時に流言発生、翌二日にはいっそう拡大とする王子警察署の報告は、流言の発生時刻、内容ともに一定の潤色がされている可能性はぬぐえない。

次に九月三日、彦太郎は「不逞鮮人」のことを書いている。「大地震及東京ノ大火災ヲ機トシ不逞鮮人ガ東京、横浜ニ暴動シ其ノ余波ハ我県内ニモ侵入シテ早ヤ其ノ一団ハ根岸鳩ケ谷方面ニ出没シタトノ怪報ガ三日午後二時頃ニ中山芳太郎方ヲ取片付ノ際達セラレタノデ、中山方ヲ退散シテ各自棍棒、鍬、万能、刀、鎗等ノ兇器ヲ持参シ村ノ入口ヤ其他要所〳〵ヲ警戒シタ」と書き、その時の状況を「戦時以上ノ気分デ人心ノ動揺、其ノ極ニ達シ安眠モ出来ズ殺気紛々ノ状態ト成ツテ来タ」と表現している。

突如、村を「戦時以上ノ気分」に陥れた三日午後二時頃の「怪報」とは何であろうか。前述のとおり安行村は片柳村と同じ北足立郡役所の管内の村である。「吉三郎メモ」では三日午後三時頃に村役場から「急報」があり状況が一変したとあったが、安行村の午後二時頃の

「怪報」は、時間的に見て郡役所から村役場を通じて各区長に伝えられた県の「移牒」であったと推測される。この「怪報」について彦太郎が「達セラレタ」と表現しているのは、流言などを耳にしたのではなく、何らかの情報が通達されたというニュアンスを読み取ることができるだろう。安行村でも流言蜚語が伝わっていた様子はなく、地震被害の住宅の片付けをしていたところが、九月三日午後二時頃「怪報」によって突然「戦時以上」の状況になったのである。

その後の三日の状況は次のとおりである。「鳩谷へ東京方面カラ二人鮮人来タ」のを馬方が「憤恨止ミ難ク出刃包丁ニテ一名へ切リ付ケタ」とか「西新井宿ニテ鮮人三名ヲ取押へ」とか「十二月田《しわすだ》デハ鮮人婦人頭髪ノ中ニ爆弾数個ヲ隠シ歩メルヲ発見シ丸裸体ニシタ」とか「不逞鮮人」が実際に出没したかのような情報を書き、その夜には寺院の晩鐘が鳴り、「短銃ノ音二発聞エ」など騒然としていた状況が記述されている。さらにこの時の村の人々の様子について「鮮人暴行団襲来ノ報流言飛語ハ早鐘ノ如ク伝播《でんぱ》シ極度ノ不安ト恐怖ニテ各地住民ハ半狂乱トナッタ」とまで書いている。その後四日、五日まで「不逞鮮人」の出没情報と自警団の出動が繰り返されている。

戸田村、「不逞鮮人各所ニ放火」

同じく北足立郡役所管内の戸田村の日坂安右衛門の日記に震災直後の状況が叙述されている。[*12] 安右衛門は当時五二歳、郡会議員をつとめたこともある人物で、中山道沿いに住んでいたので戸田橋を渡ってくる東京からの避難民を実際に目にしているとされる。

九月二日には「時々震動アリ　東京市尚焼ケツ、アリ、上野方面へ被難《ママ》民自動車、自転車ニ乗セ、又見舞人自動車ニテ打続キ通行シ、切リナキガ如シ」と中山道を避難民と見舞人が行き来する様子を書いているが、流言蜚語については何も書いていない。避難民が通る中山道沿いに居ながら、九月二日には流言蜚語を耳にしていないようである。

ここで東京から埼玉への避難民等の移動について見てみたい。赤羽・川口間には舟を繋《つな》いだ船橋がかかっていたが、これは二列になって渡ったという証言もあり、[*13] 大量の人々の移動には使われていなかったようだ。九月二日の川口の救護総人員は一五〇人であるが、三日になると三万人と急増している。東京からの避難民の多くは徒歩で戸田橋を渡り、東に向かい川口駅を目指したり、中山道を蕨、浦和、大宮へと北上したようである。北足立郡役所の記録では九月三日に「東京罹災避難者徒歩にて中仙道及汽車によりて来るもの算なし又東京へ見舞として行くもの物資運搬する人、車織るが如し」とあり、大宮の救護総人員は二日には五〇〇人だったが、三日は三万人と急増する。戸田橋を渡り中山道を通って埼玉に入ってきた避難民が急増するのは三日からのようである。*14

また埼玉県内の高崎線、東北線は震災翌日の二日から運行していたが、赤羽・川口間の橋梁を仮修理して日暮里から埼玉県内へ開通したのは九月四日からであった。*15 つまり、東京方面からの避難者や東海道線不通のため、長野経由で名古屋・関西方面に向かう人々の埼玉県内への流入は九月三日以降本格化し、その多くは戸田橋を徒歩で渡ったと見てよいだろう。

そして、日記の九月三日に「鮮人等火ヲ付ケル由ニ聞ク、鮮人等警察官ト抜刀戦フアリ、市中戒厳令ヲ発布セラルト……鮮人弐、川口ニ捕ハル、通行セリ……不逞鮮人各所ニ放火シ、三百年ノ文化ハ一場ノ夢、ハカバト化シタリ云フ、吾地ニ於イテモ消防隊及青年会ニテ警戒セリ」と書いている。三日から「不逞鮮人」に関する流言蜚語や自警団の結成、警戒について記述されるのだが、これが避難民から伝わった流言蜚語によるものなのか、三日の午後には北足立郡役所から戸田村役場を通して知らされた「移牒」からなのかはわからない。ただ、重要なことは、東京方面からの避難民による流言蜚語が埼玉県内へ伝播したとすれば、最も早く、また大量だったと考えられる戸田村において、九月二日ではなく三日からだったということである。

「移牒」こそ流言蜚語の発生源

以上、北足立郡役所管内の埼玉県南部の四か村、片柳村、三室村、安行村、戸田村における九月二日から三日の「不逞鮮人」に関する流言の状況、郡役所から「移牒」と思われる通知が伝えられた時期、その後の状況について見てきた。

確かに九月一日夕方から、東京ではいくつかの場所で流言蜚語と自警団による朝鮮人に対する迫害が発生しているようだ。[*16] しかし、九月一日の夜一〇時に東京から三室村に帰ってきた村の名誉職の人々、また二日に王子に行った安行村の彦太郎は流言蜚語を耳にした様子はない。二日から自宅前の中山道を通行する東京からの避難民を見ている日坂安右衛門も流言蜚語を聞いたのは三日からだったようである。警視庁の『大正大震火災誌』の東京の流言の状況からするなら、九月一日、二日の段階で埼玉県南部に居住する彼らは流言蜚語を耳にした可能性は高いと思われるがそのような記述はない。

ほぼ共通しているのは、九月三日の午後の動きである。片柳村では「午後三時頃」に北足立郡役所から村役場に「急報」と表現された通知が届き、その後「不逞鮮人」に関する流言蜚語が出てきて、自警団による夜警へと事態は急展開する。三室村でも郡役所からの「通牒」があって「午後三時頃」には流言蜚語が伝わり、自警団による夜警が開始される。安行村では「午後二時頃」に郡役所からと思われる「怪報」が村へ「達セラレ」た後「不逞鮮人」が出没するという流言が伝わり、日本刀や槍などで武装し「戦時以上ノ気分」「殺気紛々」という状態になるのである。九月二日から戸田橋を渡って東京からの避難民の通行が「切リナキガ如シ」戸田村でも「不逞鮮人」に関する話は認められないが、避難民からか村役場からかは不明だが、三日になって「鮮人等火ヲ付ケル」等の流言が出てきて自警団が結成される。

九月三日午後に北足立郡役所から村役場、そして各区長へと降ろされた埼玉県からの「移牒」が伝えられる以前、埼玉県南部地域の村の人々は「不逞鮮人」の流言はほとんど耳にしていなかったか、あるいは耳にしていたとしても、記録に書き留め、恐怖に怯え、朝鮮人を殺害するほどではなかったことが地域史料から読み取ることができるだろう。

このことは埼玉県内の自警団事件の原因を見るうえできわめて重要なことである。埼玉県北部地域では九月四日午後から五日にかけてに熊谷、神保原、本庄で、五日には寄居、児玉で事件が起きているが、その原因となった流言蜚語の第一報は東京からの避難民から広がったのではなく、九月三日午後に各郡役所から管下の町村に伝えられた県の「移牒」によるものだった可能性が高い。そのことを裏付けているのが三四ページに載せた栗田剛の証言だと考える。

以上から総合的に判断すれば、関東大震災時に朝鮮人虐殺事件が起こった埼玉県内の地域における流言蜚語は、東京からの避難民が発生源となりそれが拡散されたり、「移牒」がその流言蜚語に信ぴょう性を与えたりしたというのではなく、九月三日午後頃に県が役所の「権威」を伴って発出し、各地域に伝えられた「移牒」こそ流言蜚語の発生源そのものだった可能性がきわめて高いのである。

3　自警団を虐殺へと飛躍させた「移牒」

庶発第八号
大正十二年九月二日

埼玉県内務部長

郡町村長宛

不逞鮮人暴動に関する件

移　牒

今回の震災に対し、東京に於て不逞鮮人の盲動有之、又其間過激思想を有する徒らに和し、以って彼等の目的を達せんとする趣及聞漸次其の毒手を振はんとするやの惧有之候に付ては、此の際町村当局者は、在郷軍人分会消防隊青年団等と一致協力して、其の警戒に任じ、一朝有事の場合には、速かに適当の方策を講ずる様至急相当御手配相成度、右其筋の来牒により、此段及移牒候也

一九二三年九月二日付けで、埼玉県の香坂昌康内務部長が県下一市九郡役所に向けて発した「不逞鮮人暴動に関する件」という「移牒」である。この「移牒」の実物は不思議なことに現存していないのだが、ここに示したのは吉野作造が「圧迫と虐殺」[*17]（一九二四年）という論文の中で紹介しているものである。なお、次章で登場する綾川武治は、事件後に県当局が自らの責任を隠蔽《いんぺい》するために秘密裏に「移牒」を回収したのは事実であると主張している。

「移牒」の作成経緯と近隣県の動向

この九月二日付「移牒」の作成経緯と県下への連絡について見ておこう。一九二三年一二月一五日の永井柳太郎議員（憲政会）の帝国議会での質問によれば、「移牒」の作成並びに県下への連絡の経過は次のとおりである。九月二日内務省本省で打ち合わせを終えて午後五時に埼玉県庁に帰ってきた地方課長が香坂内務部長に報告し、この報告に基づいて香坂は友部泉蔵警察部長と協議したのち「移牒」を作成し、各郡役所に電話連絡を行い、受け取った郡役所は管下の町村に文書あるいは電話で連絡したという。[*18] そして、三日の午後に町村の役場から村内の区長に伝達されたとみられる（第三章八七〜八八ページも参照）。

また、近隣の県でも行政ルートを通じて「不逞鮮人」に関わる通知があったことが、断片的ではあるが記録されている。千葉県大和田町大和田新田（現八千代市）では、習志野の騎兵連隊から引き渡された朝鮮人を地域の自警団が虐殺したのだが、この経緯を記録した日記には「三日　区長の引続《（継）》ぎをやる。（中略）一切を渡す。夜になり、東京大火不逞鮮人の暴動警戒を要する趣、役場より通知有り。在郷軍人団青年団やる」[*19] とある。九月三日の夜に役場からの「不逞鮮人」への警戒を要請する旨の通知があったことがわかる。

群馬県藤岡町では九月五日、六日に自警団が一七人の朝鮮人を虐殺するという事件が起きている。この際、九月三日付で佐波郡長が町村長あてに「東京府下震火災に際し囚人多数脱出し、又不逞鮮人暴行有之たるやに聞き及び候処、警戒の厳重となるに随《したが》い、是等《これら》不逞の徒何時当地方へ入り込むやも測りがたく候条、この際警備隊を組織し、警戒を厳重ならしむるよう」との通知を発出したという。[*20] ここでも町村に「不逞鮮人暴行」があるので「警戒を厳重」にせよとの通知が三日に伝えられている。つまり、内務省の本省が東京の近隣県に「不逞鮮人」に対する警戒を命ずる何らかの通知の発出を求めていたことが考えられる。

以上のような埼玉県での経過及び近隣県の状況から、「不逞鮮人暴動に関する件」という埼玉県内務部長の「移牒」は内務省本省と協議の上作成され、県下各町村に通知されたと考えられる。

自警団の結成、村の人々への徹底

片柳村が九月二六日付けで北足立郡役所に報告した「自警団ニ関スル調査方ノ件」に対する回答には「九月三日郡役所発庶第八号注意方通牒ニ基キ、村長ハ消防組頭・在郷軍人分会長・青年団長ヲ集メ協議シ各区毎（行政区ニシテ主トシテ大字ニヨル）適当ナル措置ヲ取ル」

とあり、片柳村では九月三日に届いた郡役所からの「不逞鮮人暴動に関する件」に基づき、区ごとに自警団を組織したことがわかる。

さらに、片柳村では、国・県あるいは軍からの通知類は一戸ごとに徹底して行われていたようだ。北足立郡役所への回答の中で、片柳村当局は「郡長告諭・総理大臣告諭・知事告諭・戒厳司令官・同参謀長告諭、或ハ注意・緊急勅令ノ趣旨徹底宣伝方ニツキ頗《すこぶ》ル敏活ニ之ヲ行ヒ、村内各戸ニ周知セシメ得タル」と記述している。*21 吉三郎が保管していた事件に関わる区長関係の通知類などが自宅で発見されたが、その多くはB5版半分より少し小さいサイズの用紙にガリ版印刷されたもので、各戸に配布した残部数枚を吉三郎が保存していたものと思われる。村が通知類をガリ版印刷し、区長を通じて各戸ごとに配布して周知徹底をはかっていたのである。たとえば、九月六日に片柳村村長が吉三郎に宛てたガリ版刷りの「自警上の一般注意」（図6）は次のように書いてある。

一、午後七時ヨリ午前六時迄ノ間ニ於テ其部内ヲ通過セントスルモノハ何人タルヲ問ハス誰何シ出発地及行先並ニ住所氏名ヲ質シ疑シキモノハ其部境迄護送シ仝時ニ伝令ヲ以テ次ノ部ニ通達スルコト、尚疑シキモノハ部内詰所ニ送付シ暁方マテ看守ノ上保護スルモノトシテ逃出セントスルモノナル時ハ相当手段ヲナスヘシ（後略）

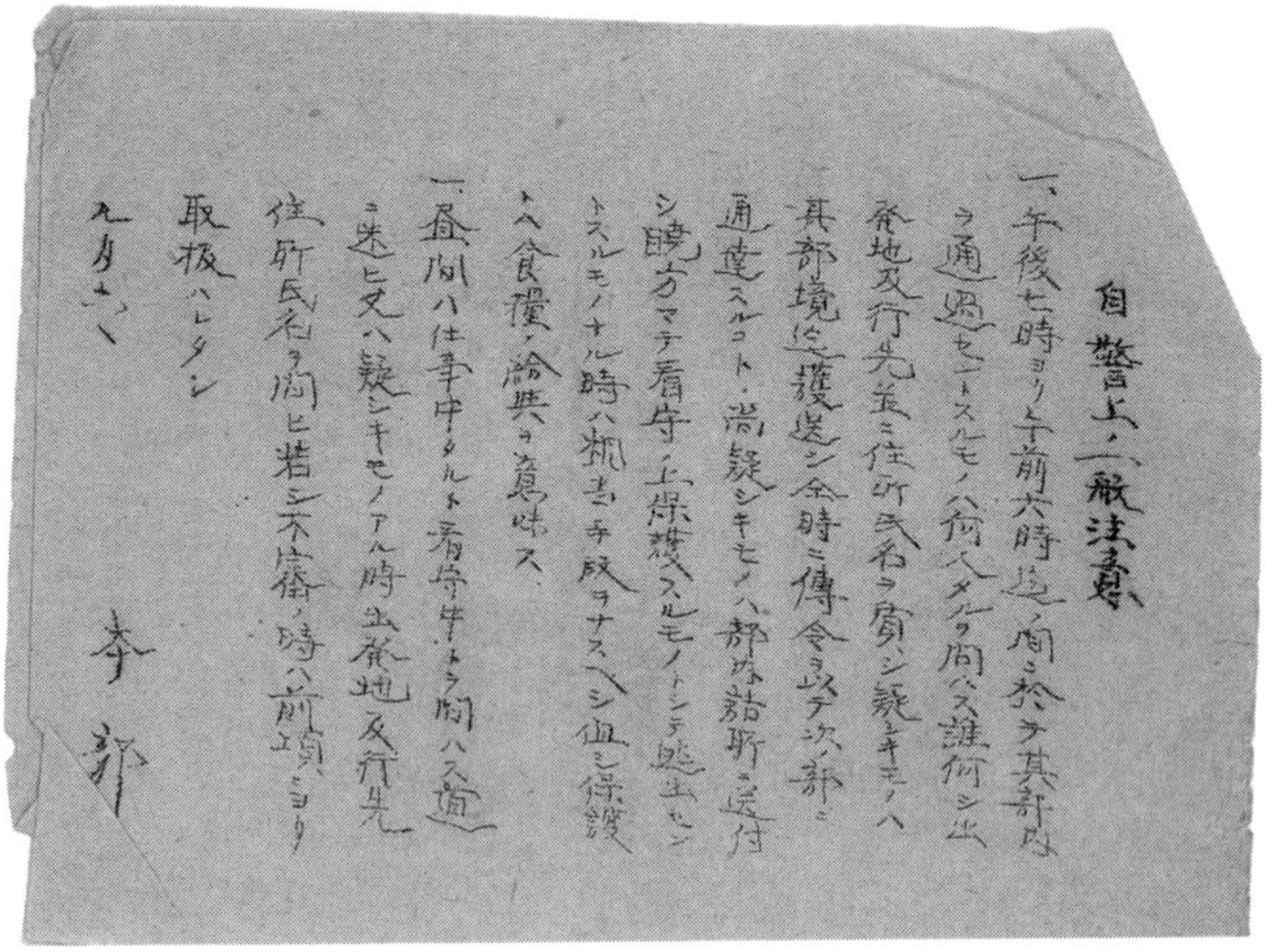

自警上ノ一般注意

一、午後七時ヨリ午前六時迄ノ間ニ於テ其部内ヲ通過セントスルモノハ何人タルヲ問ハス誰何シ出発地及行先並ニ住所氏名ヲ質シ疑ハシキモノハ其部境迄護送シ令時ニ傳令ヲ以テ次ノ部ニ通達スルコト・尚疑シキモノハ部内詰所ニ送付シ暁方マテ看守シ保護スルモノトシテ監視セントスルモノナル時ハ極力手段ヲナスヘシ但シ保護トハ食糧ノ給与ヲ意味ス

一、昼間ハ仕事中タルト看守中トヲ問ハス道ニ迷ヒ又ハ疑シキモノアル時ハ出発地及行先住所氏名ヲ問ヒ若シ不審ノ時ハ前項ニヨリ取扱ハレタシ

九月六日

本部

図６　片柳村村長による「自警上の一般注意」

九月六日　本部

「其部内ヲ通過」とは各区の領域を通行するという意味で、一晩中区内を通行する者すべてに氏名や行先等を質し、疑わしいものは詰所で監視するとしている。こうした通知文が各戸に配られたのである。

このような状況から「不逞鮮人」に対する対処や自警団についての村民への情報伝達は相当徹底していたと見てよいだろう。たとえば、関東戒厳司令部が「總テノ鮮人カ悪イ企テヲシテ居ル様ニ思フノハ大マチガイ」だとし、朝鮮人すべてを「不逞鮮人」と見なして迫害してはならないとした九月七日付「注意」は、ガリ版刷りされて各戸に配布されているが、千葉県の船橋ではビラにされて飛行機からまかれている。[22] 飛行機からの散布と比べれば、区長からの各戸配布はその徹底度は格段に高かっただろう。ただこの「注意」は、「悪イ企テ」をする「不逞鮮人」が一部には存在することを逆に認める内容でもあり、片柳村では九月九日まで夜警が継続されていく。

従って、「不逞鮮人暴動」という流言蜚語を公文書にした埼玉県の「移牒」は、片柳村の各戸に徹底して知らされていたと考えられる。

「不逞鮮人」との戦闘命令

ここで、あらためて「移牒」の要点をまとめてみよう。「過激思想を有する徒」とは社会主義者を意味し、「彼等の目的」とは、朝鮮の日本からの独立であり、「毒手を振」るうとは、日本人を殺害すると解してよいだろう。①「不逞鮮人」が東京で「暴動」を起こしている、②社会主義者と共に日本からの独立のために「暴動」を起こし、日本人を殺害する危険がある、③在郷軍人・青年団・消防隊等で自警団を組織して警戒せよ、④もしも「一朝有事」の場合にはすぐに適切な方策を講ぜよ、以上四点であった。

つまり、「不逞鮮人」の「暴動」という流言蜚語が埼玉県内にはまだ伝わっていない時点で、県内務部長が「暴動」を既定の事実として認定し、「不逞鮮人」が社会主義者とともに日本からの独立達成のために日本人を殺害しようとしている、これに対し自警団を組織して警戒し、場合によっては戦闘せよという内容だったのである。

この「移牒」と九月二日午後に内務省警保局長後藤文夫が作成し、海軍東京無線電信所船橋送信所から翌三日午前八時一五分に全国に送った電文を比較してみよう。電文は以下のとおりである。

東京付近の震災を利用し、朝鮮人は各地に放火し、不逞の目的を遂行せんとし、現に東京市内に於て爆弾を所持し、石油を注ぎて放火するものあり。既に東京府下には一部戒厳令を施行したるが故に、各地に於て充分周密なる視察を加え、鮮人の行動に対して厳密なる取締を加えられたし*23

電文は「移牒」の「不逞鮮人暴動」の具体的内容として、「放火」「爆弾」「石油」などが記されている。また「移牒」には記述のない「戒厳令」のことが記され、朝鮮人の行動を厳しく取り締まることを指示している。一方、埼玉県の「移牒」は「社会主義者」との連携については言及してはいるが「暴動」の具体的内容は書かれていない。

警保局長の電文と比較すれば、「移牒」の重点はあきらかに後半の自警団の組織化と「一朝有事の場合には、速かに適当の方策を講ずる」という部分であることがわかる。この「一朝有事」とは、「不逞鮮人」が「暴動」を起こし、「襲来」してくることを想定していることは容易に想像できる。ならば、「適当の方策」とは自警団が武器を持って戦うことを指示したと考えざるをえない。

つまり、武器を持って「暴動」を起こし「襲来」する「不逞鮮人」と戦闘せよと命じたといってよいだろう。ここにこそ日本人民衆を虐殺へと飛躍させた最大の要因があったのではないだろうか。

「秘密ニ注意指示セラレタル件」

九月三日午後三時、染谷（第三区）の区長吉三郎は片柳村の坂東村長からカーボンで複写された次のような召集通知（図7）を受け取り、役場に行って説明を受けて「急報」の内容を知った。

片発第二九一号　大正十二年九月三日　片柳村長 ㊞

第三区長殿

今回ノ震災ニ関シ監督官庁ヨリ秘密ニ注意指示セラレタル件及御配慮御協議中度儀

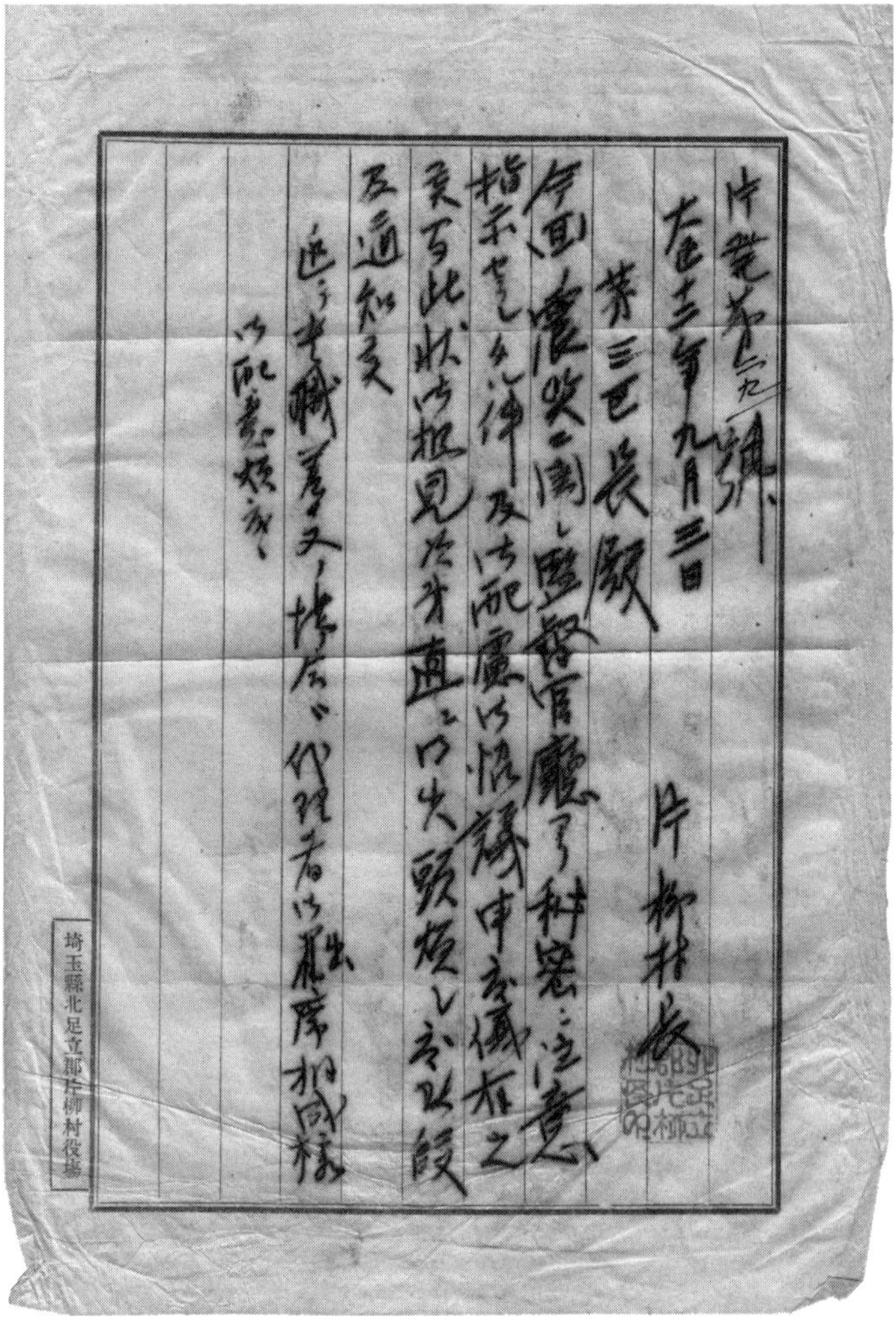

図７　片柳村の村長による区長あての召集通知

有之候間、此状御披見次第直ニ御出頭煩シ度此段及通知候
追テ貴職差支ノ場合ハ代理者御出席相成様御配意煩度候[*24]

片柳村の坂東村長が村内の各区長へ「秘密ニ注意指示」「御配慮御協議」したい件があるので出頭されたいと命じた公文書である。その指示する内容は、もちろん県の「移牒」である。

では、片柳村の村長は「移牒」をなぜ「秘密ニ注意指示セラレタル件」と呼んだのだろうか。片柳村と同じ北足立郡役所管内の尾間木村役場へ伝えられた「移牒」は饗庭喜蔵の「大震災日誌」の中に記述されているが、[*25]「庶発第八号」の後に㊙が記入され、件名が「不逞鮮人放火ニ関スル件通牒」となっている点など、いくつか異なる部分がある。それは、郡役所から村への連絡が電話によるものだったために生じた異同だったようだが、北足立郡役所が「移牒」を「秘密」の指示であるとした点では共通している。

片柳村の村長は各区長への「移牒」の説明に際し、武器を使用して、「暴動」「襲来」する「不逞鮮人」と戦闘せよと命じたからこそ、口外してはならない「秘密」の指示であるとしたのだろう。実際、「吉三郎メモ」には「別ニ警戒団ノ刃物ヲ持参セヨト誰人モ云フシニアラネド各人棍棒　日本刀　鎗　短銃　鳥打銃等ヲ持参シ集マル　青年団ハ余ノ門前ニ一旦集リ部

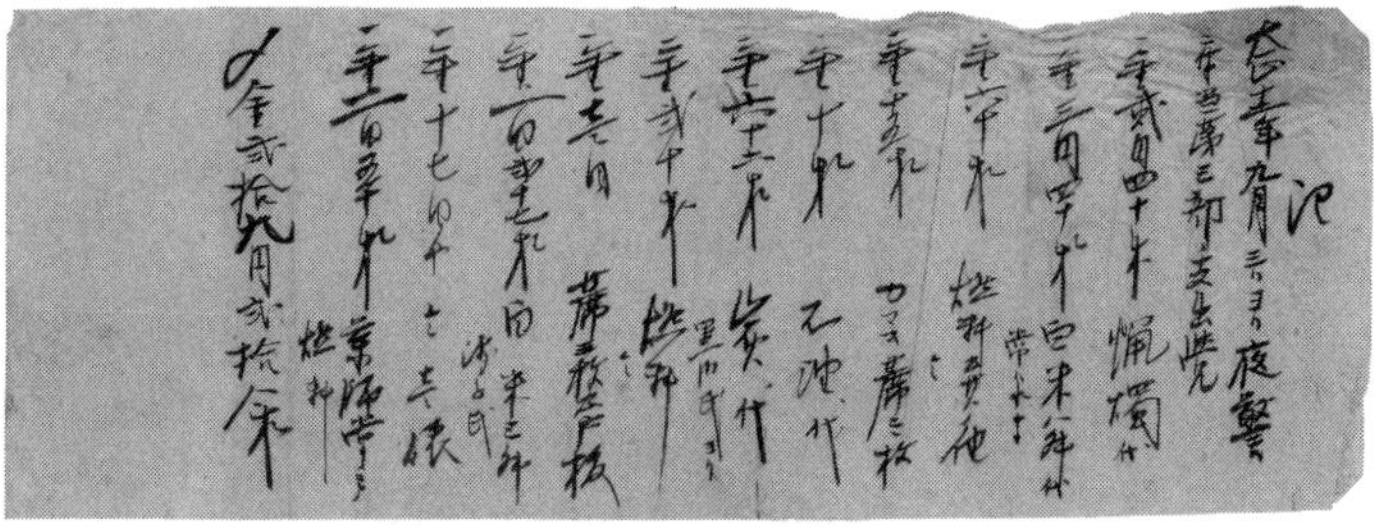

図８　染谷の自警団による夜警の際の支出一覧

署ニ付ク」とあり、具体的な指示を出したわけではないが、自警団が棍棒、日本刀、鎗、銃等で武装して吉三郎の自宅前に集合し、夜警の任務に就いたことが記述されている。

　武器を用意せよと命じなくても、王子警察署の報告のように「不逞鮮人暴行」について「毒薬ノ撒布・爆弾ノ投擲・殺人・掠奪等、アラユル暴行」などという事態が説明されれば、武器を持って集合するのは当然だろう。このように村当局の説明を受けた吉三郎の指示によって、染谷の自警団員たちには「不逞鮮人」の「襲来」に対して武器を持って戦闘する覚悟と準備がされていった。安行村の彦太郎は「血気ノ青年ヤ在郷軍人等ハ日本刀、脇差、鎗、竹槍、鉄棒等ヲ持ツテ自警団ヲ形成シタ」と書いている。こうして「移牒」が伝えられ、その内容が説明されると、自警団の在郷軍人、青年団らはまさに「不逞鮮人」に対する戦闘集団へと激変したのである。

　図8は、染谷の自警団の夜警の際の支出一覧だが、最初のと

ころに「大正十二年九月三日ヨリ夜警ニ付当第三部支出覚」とあり、戦闘集団となった染谷（第三部）の自警団は三日の夜から「不逞鮮人」の「襲来」に備えて厳重な警戒を開始した。まさにこの夜、姜大興は片柳村染谷に迷い込んでしまったのだ。たった一人だったにもかかわらず、自警団員たちは「来タ一」「来タ一」と何度も大声を上げ、「不逞鮮人」が村を襲いに来たと信じ込み、戦闘を開始したのである。

県が役場の「権威」を伴って発生、流布させた「不逞鮮人暴動」という誤った情報とセットで命じられた「不逞鮮人」に対する戦闘の命令こそ村人たちを急速に朝鮮人虐殺へと飛躍させたものだったと考えられる。

国家の側の誤った情報を鵜呑みにして、命令に従って何の罪もない朝鮮人を虐殺した日本人民衆の責任は確かに重たいが、「移牒」が地域に届いたタイミングと内容を検討する限り、国家の責任はそれ以上に重大であるといわざるをえない。

注

＊1 『大宮市史』第四巻、大宮市、一九八二年。

＊2　日弁連「資料関東大震災人権救済申立事件調査報告書」資料　関東大震災人権救済申立事件調査報告書　日弁連 http://www.azusawa.jp/shiryou/kantou/200309.html 二〇二一年二月三日閲覧。

＊3　安田浩『近代天皇制国家の歴史的位置』大月書店、二〇一一年。

＊4　内川芳美「関東大震災と新聞」『大正ニュース事典』Ⅵ、毎日コミュニケーションズ、一九八八年。

＊5　「九月三日の夜東京方面から避難して来た朝鮮人百八九十名が中仙道を村から村へと傳遞護送されて大宮町を通過」（埼玉県北足立郡役所編纂『埼玉県北足立郡大正震災誌』、一九二五年）との記述があり、姜大興はこの中の一人だった可能性がある。

＊6　三室小学校編「学校沿革誌」『浦和市史』第四巻近代資料編Ⅲ、浦和市、一九八一年。

＊7　警視庁編『大正大震火災誌』一九二五年。

＊8　上毛新聞一九二三年九月四日、『かくされていた歴史』より。

＊9　『川口市史』近代資料編Ⅰ、川口市、一九八三年。

＊10　前掲、『大正大震火災誌』。

＊11　「高木助一郎（王子村上十条（現・中十条一丁目）で被災）」西崎雅夫『関東大震災朝鮮人虐殺の記録―東京地区別1100の証言』現代書館、二〇一六年。

＊12　『戸田市史』通史編下、戸田市、一九八七年。

＊13　「避難民は二列となって赤羽から船橋を渡って『川口駅へ』『川口駅』へと動いていく共群集は大変なものだ」とある（「竹井長野県内務部長の脱出談」『名古屋新聞信州付録』一九二三年九月七日）。

＊14　埼玉県北足立郡役所編纂『埼玉県北足立郡大正震災誌』、一九二五年。

＊15　東京朝日新聞社編纂『関東大震災記』一九二三年一〇月一〇日。

＊16　姜徳相『関東大震災・虐殺の記憶』青丘文化社、二〇〇三年。

＊17　吉野作造「圧迫と虐殺」、『かくされていた歴史』より。

＊18　「官報号外　衆議院議事速記録第5号」一九二三年一二月一六日、琴秉洞編・解説『朝鮮人虐殺に関する知識人の反応1』緑蔭書房、一九九六年。

＊19　千葉県における追悼・調査実行委員会編『いわれなく殺された人びと』青木書店、一九八三年。

＊20　『群馬県史』通史編第七巻、群馬県、一九九一年。

＊21　『大宮市史』別巻一、大宮市、一九八五年。

＊22　平形千恵子「千葉県での虐殺―船橋での自警団事件―」「企画展示関東大震災時の朝鮮人虐殺と国家・民衆」実行委員会・在日韓人歴史資料館共編『「関東大震災時の朝鮮人虐殺と国家・民衆」資料と解説』二〇一〇年。

＊23　山田昭次『関東大震災時の朝鮮人虐殺とその後』創史社、二〇一一年。

＊24　これは高橋宅で発見された「片発第二九一号　大正十二年九月三日　片柳村長」というもので、カーボン紙で複写したものだった。同じ内容のものが村の行政文書「大正一二・一三年度震災関係書類綴　片柳村」（さいたま市アーカイブズセンター所蔵）の中にも残されていた。

＊25　饗庭喜蔵「大震災日誌」、『かくされていた歴史』より。

第三章　なぜ、異例の恩赦が出されたのか

関東大震災時に、朝鮮人、中国人、日本人社会主義者が軍隊、警察、自警団によって虐殺されたが、大杉栄らを殺害した「甘粕事件」を除けば軍隊、警察は一切裁かれていない。自警団による朝鮮人虐殺も、加害者が検挙され裁判が行われたのは全体の一部に過ぎない。埼玉県の片柳、熊谷、神保原、本庄、寄居などでの自警団事件は裁判になっているので、これらを検討したい。

片柳村染谷の事件では五人の自警団員が検挙、起訴され、全員有罪になったが二年の執行猶予が付き、翌一九二四年三月には全員に恩赦が適用されている。埼玉県内の他の自警団事件でも、政府はかなり恩赦を適用していると考えられる。寄居警察署での朝鮮人虐殺事件で検挙されたKは、事件後に熊谷の警察署に集められ、「諸君らは、流言ひ語にまどわされ国家の為と思いながらも結果としては、犯罪行為をおこしてしまった。しかし事件も落着したことでもあるし、事件は無かったことにする。調査や経歴上の前科も一切なしにするので安心してもらいたい」と話されたと、五〇年後の一九七三年、『かくされていた歴史』の中で証言している。

一方、高橋吉三郎は「吉三郎メモ」の最後のページに、事件翌年の一九二四年三月一五日に有罪判決を受けた自警団員の執行猶予が免ぜられたことを記述し、最後に「C□F氏トG氏トノ間ニ言ノ行掛リ□ゴタゴタアリケルモ停ム」と書き、村人の間で多少の「ゴタゴタ」はあったものの、一九二四年三月一五日に事件は全て終了したかのように書いている。

本章では、虐殺に及んだ自警団員に対する警察の検挙、取り調べ、裁判所の公判、判決、政府による恩赦実施の一連の経過を地域の史料をもとにたどり、国家の対応のねらいとその背景、被告となった自警団員の罪の意識、有罪判決を受けたことへの不満などを明らかにしていきたい。

山田昭次は自警団事件の裁判の判決を分析し、朝鮮人を収容していた警察署を襲撃したり、朝鮮人と誤認して日本人を虐殺した場合は重く見たが、朝鮮人を虐殺した被告の大多数には情状酌量の措置をとり、執行猶予を付けたため実刑率は低かったとしている。それは、国家の責任の解明を抑え、責任を回避し自己保身をはかるための「見せかけの裁判」だったからであるとしている。しかし、その後の恩赦については言及されていない。*1

有罪判決を受けた自警団員に対する恩赦の実施についてはこれまであまり注目されてこなかったが、村を守るためという自警団員及び村の人々の意識と当時の社会状況を関連させて検討することで、国家の朝鮮人虐殺事件に対する姿勢をより明確に浮き上がらせることができると考える。

1　史料『綾川武治　述　埼玉県自警団事件経過真相』

埼玉県の自警団事件に関わる一つの地域史料を紹介する。ガリ版刷り五六ページの冊子で、表紙に「極秘」の印「用スミ後　却」と記されているので、一部の人だけが閲覧した私家版の冊子だと思われる。書名は『綾川武治　述　埼玉県自警団事件経過真相』、著者として「関東自警同盟」とある。これを複写・製本したものを埼玉県立熊谷図書館が所蔵している。

著者の綾川武治（一八九一年～一九六六年）は、熊谷市（旧妻沼町善ケ島）出身、東京帝大卒、弁護士、戦前に衆議院議員を一期つとめている。東大在学中から国家主義運動に関わり、関東大震災当時は大川周明の斡旋で南満州鉄道株式会社総務部事務局管轄の東亜経済調査局に就職し、調査係をしていたようである。

この冊子は、震災時の埼玉県内の自警団による朝鮮人虐殺事件の経緯と検挙、裁判についてかなり詳細に記述している。全体として、国家主義者の立場から綾川の生まれ故郷である熊谷をはじめ埼玉県北部地域で起こった自警団事件について記述している。そして、朝鮮人虐殺の原因となった県の「移牒《いちょう》」を告発し、自警団のみに責任を課して自ら責任を取らない埼玉県当局、目的もなく朝鮮人を中山道を北へと「逓送」した警察、さらに政府を強く批判するものとなっている。

裁判での検察による求刑は、一九二三年一一月六日に本庄・神保原、七日に熊谷、八日に寄居での虐殺事件に関係するものが行われている。検事の求刑までは書いているが、一一月二六日の判決までは書いていないので、おそらく一一月八日以降二五日以前に作成されたと思われる。[*2] 自警団事件の裁判に関わるところが比較的詳しく記述されているのは、綾川が弁護士の経歴の持ち主でもあったからだろう。その意味で裁判関係の記述については信ぴょう性が高いと見てよいだろう。事件の裁判資料がほとんど公開されていないなかで、担当検事の論告の一部や事件の被告の氏名・年齢・職業なども記されており、きわめて貴重なものである。この史料については、以下『綾川経過真相』と記す。

なお、埼玉県内務部長が発した「移牒」は、事件直後から朝鮮人虐殺事件を誘発した原因ではないかと問題視され、裁判の中でも弁護側が取り上げていた。綾川も「移牒」を発した埼玉県の責任を強く指摘している。

2　検挙の「猶予」

一か月後の捜査開始

「吉三郎メモ」によれば、事件発生から約四時間後の九月四日午前六時半頃、「参考人」としてA（二〇歳）とB（二〇歳）が警察に連行される。一二時頃には両人が「刑務所」に収監されたとの話が伝わり、村では二人の青年を「助ケネバナラヌ」ということで村会が召集される。しかし、逮捕された翌日の五日朝、青年団が「刑務所」に差し入れに行くと「間モナク責付トナリ出獄ス」とあり釈放されている。責付とは、親族などに預けられて勾留《こうりゅう》の執行を停止されることである。この時「当人等ヲ譲ウケスベク地方状況等ヲ具陳シテ青年二人ノ歎願書ヲ予審判事ニ是《ママ》出ス村長、学校長、青年団長、分会長、及□□消防役員各字区長

□□□□□ニテ」とあり、村長はじめ村の有力者が地域の実情等を記した嘆願書を予審判事に提出している。

ただし、この五日も「警戒ハ弛《ゆる》メズ夜ヲ徹シテ警戒ス」とあり自警団の夜警は継続されている。村の人々は殺人という行為の重大性に思いを致すことなく、検挙された二人の救援対策を村総出で考えていたのである。

そして「其后杳《そのごよう》トシテ何ラモナカリシニ拾月拾日」、つまりその後何もなかったのに、なぜか突然一〇月一〇日、三人の村人が「証人トシテ喚門《ママ》」され、一一日には村長が呼び出され、一三日には「判事ノ臨検」も行われる。一八日には吉三郎自身が「熊五郎ガ余ノ井戸ニテ刀ヲ磨ギタルカ如何《いかが》」を問われ「浦和ニ証人ニ呼ヒ出サ」れる。この日、C（四六歳）とD（三一歳）が取り調べを受け、一九日にはE（四〇歳）も召喚される。二〇日、二二日、二三日には村長、校長、在郷軍人分会長など村の有力者も取り調べを受けている。

一カ月以上警察から何の連絡もなかったので、村の人々は九月五日の青年二人の責付・釈放で一件落着したと思っていたのかもしれないが、一〇月一〇日突然捜査が開始されたのである。このような不自然な長期間の空白はなぜ生じたのだろうか。その背景には自警団事件に対する国家中枢の動向が関係していた。この経緯をたどってみよう。

政府の司法委員会の方針

九月九日、「検察事務ノ統一ヲ期スル為臨時震災救護事務局警備部内ニ司法省刑事局長ノ主宰スル司法委員会」が組織され、九月二三日まで毎日「会報ヲ行ヒ情報ノ交換事務ノ打合及協定」に従事することを決定したことが「関東戒厳司令部詳報第三巻」に記述されている。委員会には、内務省警保局長・司法省刑事局長・大審院上席検事・陸海軍法務局長・憲兵司令官が委員として、また各官の部下高等官・東京地方裁判所検事・警視庁刑事部長・陸軍省軍事課々員等も事務官として列席し、戒厳司令部からは阿部信行参謀長が委員として、森参謀が事務官として出席している。当時の警察、司法官僚のトップによって組織された委員会で、ここでの決定が検挙・裁判に関わる国の対処方針となったと考えて間違いない。また、この委員会の主宰者が司法省刑事局長であることから、当時の司法大臣平沼騏一郎の意向が反映していたことも十分想定できる。

九月一一日に開催された第三回委員会において、自警団事件については司法上放任することはしないが「情状酌量スベキ点少カラザルヲ以テ、騒擾《そうじょう》ニ加ハリタル全員ヲ検挙スルコトナク検挙ノ範囲ヲ顕著ナルモノ、ミニ限定スル」こと、ただし「警察権ニ反抗ノ実アルモノ、検挙ハ厳正」に行うことを決定している。この決定が判決の実刑率に影響を与えたことは間違いないが、判決だけでなくそれ以前の警察の検挙すら「限定スル」ものとされ、相当の手心が加えられたと見られる。つまり、被疑者と想定されながら検挙、取り調べを受けなかった自警団員も相当程度いたのである。*3

検挙の時期については、「人心尚安定セサル」ためすぐに行わず、「司法省ノ指揮」を待って行うとし、埼玉県内の自警団事件の検挙の日は「九月一九日実行スル」と決定された。片柳村染谷以外の県内での事件は九月二三日一斉に検挙が行われたが、「吉三郎メモ」にはこの日は何の動きも記されていない。

『綾川経過真相』によると、一〇月二〇日の浦和地裁検事正福井広道の談として、事件を起こした自警団員たちの、その後の「悔悟恭順ノ誠意」を認め、「本県ノミニ就イテハ、他ノ事件ト異リ破格ノ取扱ヒヲシテ、右百十六名ノ外多数ノ検挙ハ一時之ヲ猶予」したとしている。検事局は被疑者が事件について十分反省していると判断し、検挙、取り調べは一一六名に限定し、他は検挙を「猶予」するという「破格ノ取扱ヒ」をしたというのである。

しかし、綾川はことの真相は異なるとしている。検挙が開始されると「我々ヲシテ罪ヲオカサネバナラヌヤウナ立場ニ陥レ」たのは当局で「我々ハ県の移牒文ニヨッテ、『一朝有事』

ニ備フヘク立ツタノダ」という「憤激」の声が各所で起こったため、検事局の「検挙打チ切リハ民間ノ正理正道ノ声ニ屈シタ所ニ原因」があるとしているのである。

つまり、埼玉県当局が事件の原因となる重大な「移牒」を発出したことを、司法当局は認識し、県の責任を追及する声が広がっていたため、検挙の「猶予」という「破格ノ取扱ヒ」を講じたというのである。国家中枢の司法委員会の示す「情状酌量スベキ点少カラザル」とはこのことを指していると思われる。つまり、国家中枢も「移牒」が事件を引き起こした重大な原因になっていたことを認識していたと考えられる。

片柳村染谷での事件の被疑者は、一旦《いったん》この検挙の「猶予」の対象になったと推測される。県当局の「移牒」の責任追及を遮断するために、司法当局は犯罪事実を認識していながら検挙、取り調べすら実施しないという超法規的措置をとったのである。

このままだったなら、染谷で何の罪もない姜大興《カンデフン》が虐殺された事件は、事件にもならないまま誰一人処罰されることもなく終わっていた可能性があった。実際に朝鮮人虐殺の明白な証言があるにもかかわらず、不問に付されたケースは桶川、児玉など埼玉県内にいくつか存在する。*4

3　有罪判決から恩赦へ

軽い判決

熊谷の朝鮮人虐殺事件の公判が一〇月二二日から始まる予定だった。その直前の一〇日になって、一旦は検挙の「猶予」の扱いを受けたと思われる染谷の事件の捜査がなぜ開始されたのか、その事情についてはわからない。

ただ「吉三郎メモ」の次の一文はそれを解く鍵になるかもしれない。「青年二人ハ心変ッタルモノカ或ハ他人ガ教示シタルモノカ今迄ハ二人ニテ責任ヲ□ナタルモノカ他人ヲ連行スル如キ□アリ」とあり、最初に検挙された二人が、途中から自警団皆で村の為に行動したことなのに、自分たちだけが罪を負うのは納得できないと言い出したようである。司法当局は「猶予」の扱いにしようとしていたが、加害者である青年が抱いた不公平意識が逆に捜査を招く結果となった可能性がある。

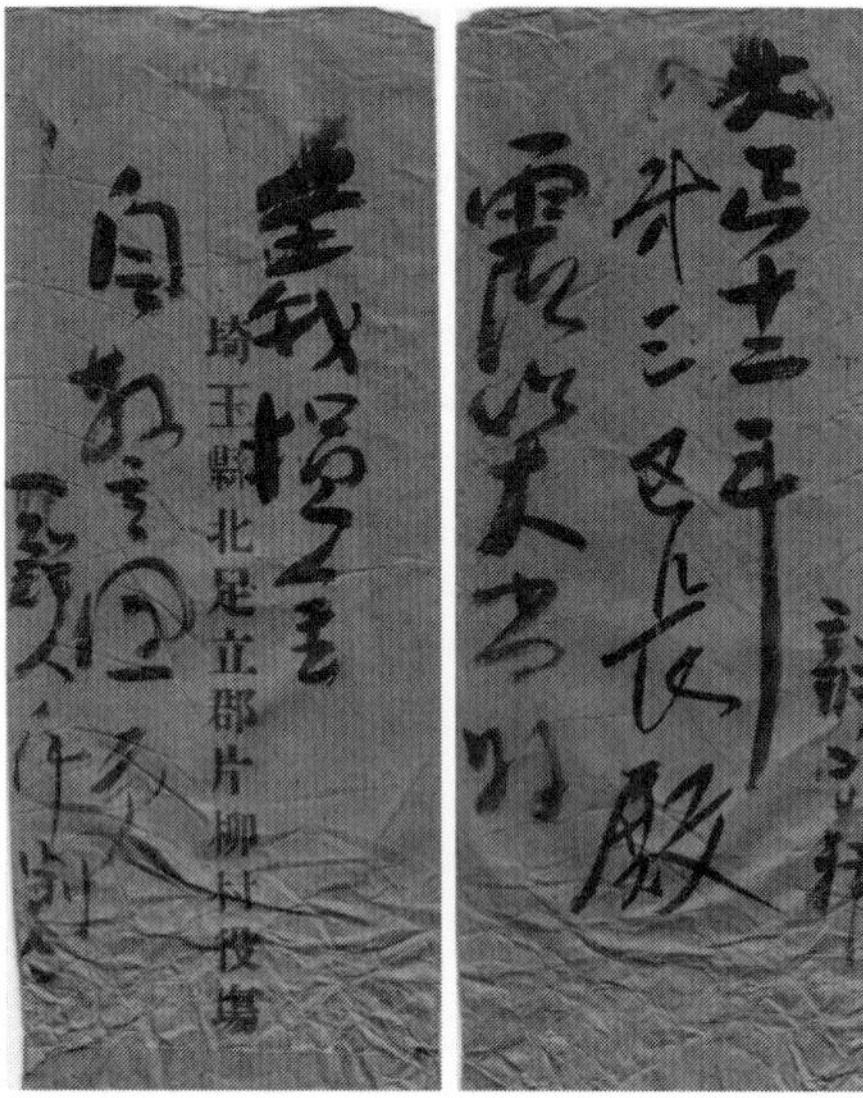

図9　染谷の事件の弁護士料と見られる記述のある役場名の封筒の表裏

結局初めの二人の青年とC、D、Eの三人、合わせて五人が起訴され、一一月八日に第一回公判、一〇日に第二回公判、一一月二六日には浦和地裁で埼玉県内の他の自警団事件とともに判決が下された。

なお、区長関係の通知類の中に、吉三郎宛ての「埼玉県北足立郡片柳村役場」と印刷された村の封筒（図9）があり、裏には「義捐金《ぎえんきん》　自警団費（鮮人ノ件□□）」、表の下の方に「辯《べん》ゴシ料」と毛筆で書かれている。「鮮人ノ件」「辯ゴシ料」の記述から、明らかに染谷での事件の裁判の弁護士料として、金額は不明だが片柳村が一定の公金を吉三郎に渡した封筒だと考えられる。高橋武男の証言によれば、吉三郎の浦和中学の同級生の宮崎一に弁護を依頼したという。直接虐殺に関与したとされた染谷の五人の自警団員に対する裁判は片柳村が村ぐるみで取り組んでいたのだった。片柳村全体が、村を

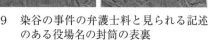

守る為に行動してくれた被告たちを「助ケネバナラヌ」という意識で裁判に臨んでいたのである。

判決では、殺人罪ではなく傷害致死罪が適用され、青年を除く三人には最低の量刑である懲役二年が言い渡され、青年二人は、情状酌量されて懲役一年六カ月に減じられている。また被告全員に二年の執行猶予が付与された。埼玉県内の自警団事件で被告全員に執行猶予が付いたのは染谷の事件だけである。*5 姜大興が刀や槍によって全身に二十数か所の傷を負っていたにもかかわらず、殺人罪ではなく、傷害致死罪が適用され、全員に執行猶予も付くという他の自警団事件と比べても明らかに軽い判決だった。

その後の恩赦

「吉三郎メモ」の最後の二ページにはその後の恩赦について記されている。「十一月　皇太子殿下ノ成婚記念ニ四分一宛刑期減免　十三年三月十五日□　特別ニ執行猶予赦免サル」とある。一一月下旬に予定されていた皇太子裕仁の結婚は、実際には翌年に延期され、一九二四年一月二六日に実施された。この時に、裕仁の結婚による恩赦を実施する詔書並びに減刑令（四分の一刑期減免など）が出されている。*6 しかし、この減刑令では三月一五日に「執行猶予」まで「赦免」されたことの説明がつかない。

その謎を解く鍵は一九二四年一月六日の「極秘」と書かれた閣議決定と一月二三日の閣議決定（一月二一日となっているが、後に四閣僚が署名し一月二三日と付記されている）の二つの文書にあった。[*7] 二つとも自警団事件の被告に対する「特赦」「特別特赦」、及びこれとは別に刑の執行を終えて二〇年を経過した者に対する復権について決定している。六日付も二三日付もほぼ同様の内容であるが、六日付「極秘」が案文のような体裁で字句の修正箇所もあり、二三日付が成案のように見受けられる。六日付は山本権兵衛内閣最後の日の閣議で、山本以下閣僚の花押があり、二三日付は一月七日に成立した清浦奎吾内閣による閣議決定である。なぜ同様の内容の閣議決定が二つの内閣で行われたのかについては後述する。

次は、一月二三日の閣議決定の内容である。
一　大正十二年九月ノ震災当時ニ於ケル混乱ノ際朝鮮人犯行ノ風説ヲ信シ其ノ結果自衛ノ意ヲ以テ誤テ殺傷行為ヲ為シタル者ニ対シテハ事犯ノ軽重ニ従ヒ特赦又ハ特別特赦ノ手続ヲ為スコト　但シ官憲ニ対シテ甚シキ暴行ヲ為シ、官庁ヲ破壊シ、著シキ残虐ノ行為ヲ為シ其ノ他犯情特ニ重キ者ニ対シテハ其ノ手続ヲ為サヽルコト
関東大震災の際、「朝鮮人犯行ノ風説」を信じ「自衛」の意図で「誤テ」朝鮮人を殺傷し

た者は、官憲への暴行や警察署の破壊行為がなければ、「特赦」又は「特別特赦」の措置を講ずるというのである（一月六日の閣議決定では「特別特赦」のみ）。これは前述の司法委員会の自警団事件の検挙者を「限定」する方針と考え方はほぼ一致している。

そもそも恩赦とは司法権に基づく裁判に対して、行政権によって裁判内容を変更、消滅させるという政策である。明治憲法下においては天皇の大権とされ、皇室又は国家の慶弔禍福に際して天皇の御仁慈《ごじんじ》を庶民にわけ与えるものとされた。恩赦の詳細については恩赦令（一九一二年公布、施行）に定められていた。一九二四年一月二六日閣議決定の皇太子結婚による恩赦は勅令第十号減刑令に基づいて刑の種類や減刑の率などを定めて一律に実施したもので、「特赦」「特別特赦」は含まれていない。

恩赦令の「特赦」とは「第四条　特赦ハ刑ノ言渡ヲ受ケタル特定ノ者ニ對《たい》シ之ヲ行フ」とあるように、刑の言い渡しを受けた特定の者に対して刑の執行を免除することである。また「第五条　特赦ハ刑ノ執行ヲ免除ス但シ特別ノ事情アルトキハ将来ニ向テ刑ノ言渡ノ効力ヲ失ハシムルコトヲ得」の「特別ノ事情」とは「其《そ》の時の事情に依り又は其の者の情状等を考慮せられて」行われ、法律上の効果が将来にわたって消滅することである。つまり刑の言い渡しを受けた者の情状に配慮して、いわゆる前科としての扱いを消滅させることである。これを「特別特赦」とよんでいる。戦前においても「特赦は先例から見るに常時行はせらるることは其の例極めて少」ないとされていた。*8

一九二四年一月二三日の「特赦」及び「特別特赦」の閣議決定は、朝鮮人を殺害した自警団員を「特定」し、情状を考慮して刑の執行の免除あるいは将来にわたってその刑を受けたことを消滅させたのである。

また、山本内閣最後の一月六日の「極秘」の閣議決定文書には付箋《ふせん》が付けられ、次のように記されている。「□日ノ閣議ノ趣旨ハ　皇太子殿下御成婚ニ際シ恩赦ヲ行フニ非ス、御慶事ノ際ニ行フヘキ恩赦本案ノ如ク特定ノ事項ニ限定スルハ□ヲ失スルモノト思考ス」*9。つまり、この閣議決定は皇太子結婚恩赦のように見せながら、実はそれとは別建てで極秘裏に行ったということを示している。このためなのか、一月六日も二三日もその閣議決定は「官報」には掲載されていない。恩赦の通知を受け取った側は、皇太子結婚の恩赦だと考えたのは自然なことだろう。

なお、一月六日の閣議決定文書にはもう一つの付箋が付けられており、そこには「本案ハ本日会議ノ席ニ於テ司法大臣ト相談シテ同意セラレタル如ク大杉栄殺害事件ノ関係者（甘粕事件）ニ対シテモ適用セラル、モノト諒解《りようかい》シテ証下ス　陸軍大臣」とあり、たいへん興味深い。

閣議決定のいう「風説」が人々の間にどこからともなく広がった流言蜚語《ひご》だとするなら、有罪判決は流言に惑わされた自警団員の自己責任とすることもできただろう。にもかかわらず、なぜ政府は極めて稀《まれ》な「特赦」「特別特赦」措置を閣議決定し、しかも皇太子結婚の恩赦に時期を合わせて「極秘」に行ったのだろうか。

それは、「移牒」を発出し「風説」を創り出した張本人が政府自身であることを自覚していたからであり、加えて虐殺の責任を自警団のみに転嫁することの不当性を被告たちが訴えていたからであった。

この時の「特赦」の対象となった人数は五三七人であった。[*10] 司法省の「震災後に於ける刑事事犯及之《これ》に関聯《かんれん》する事項調査書」[*11] によれば、東京・神奈川・埼玉・千葉・群馬・栃木で朝鮮人を殺傷した自警団事件で起訴された人数は三六七人、山田昭次の調査によればその中で警察施設等を襲撃せずに朝鮮人を虐殺し、一審で有罪判決を受けた被告は九七人となっている。[*12] 五三七人の中には刑の執行を終えて二〇年を経過して復権した者が含まれており、「特赦」ないし「特別特赦」が適用された自警団事件関係者の正確な数は不明だが、少なくとも九七人の自警団員が対象になり、有罪判決の刑の執行と執行猶予が免除され、中には有罪判決自体が消滅した者もいた可能性は高い。そしてこの「特赦」「特別特赦」は一九二四年三月一五日に執行されている。[*13]

事件四カ月後に閣議決定されたこの「特赦」「特別特赦」措置はこれまで注目されてこなかった。官憲への暴行などが伴わないなら、朝鮮人を虐殺したことへの有罪判決は「みせかけの裁判」だったが、その判決は執行猶予も含め事件後六カ月半の一九二四年三月一五日で免除あるいは刑の言い渡し自体が消滅していたのである。

片柳村染谷の事件の五人に対してはおそらく「特別特赦」が適用され、有罪判決は消滅したのであろう。一九二四年三月一五日に「吉三郎メモ」が終わっているように、朝鮮人虐殺を引き起こした県当局の「移牒」の責任が問われることなく、事件はこの日をもって終了したのである。

4 「特赦」を求めた論理

関東自警同盟

次に、この「特赦」及び「特別特赦」実施を求めた自警団側の主張について検討したい。

埼玉県内の自警団による朝鮮人虐殺事件の公判は一〇月二二日に熊谷の事件から順次浦和地裁において開始され、一一月二六日に県内すべての自警団事件の判決が一斉に下されている。ちょうどこの裁判の時期に合わせるかのように、関東自警同盟という組織が結成され、自警団の刑の減免を求める運動を展開している。*14 結成の発起人は、新時代協会菊池義郎ほか三二名、労働共済会中西雄洞ほか五二名、自由法曹会野田季吉ほか一二名（以上三団体は後に同盟から分かれる）、城南荘菊地良一ほか数名、満鉄調査課綾川武治ほか八名であった。*15

関東自警同盟の思想とは、自警団の行動は「不逞《ふてい》鮮人」の襲撃から村を守ろうとした正当な行動であり、国家のための犠牲的精神の発露であるとする国家主義的志向を帯びたものであった。従って、「不逞鮮人暴動」なる通牒《つうちょう》を発出し、誤った流言を広げた埼玉県当局にこそ責任があるのであり、自警団員はそれを信じ、「過失」によって傷害、殺人に及んだのだから大幅に刑を減ぜよという論理である。そして、同盟の要求項目の中には殺人罪について「異例の恩典」、つまり特別の恩赦のような形で刑を免じるよう求めていたのである。それは政府の閣議決定の「風説」を信じ「自衛ノ意ヲ以テ誤テ殺傷」したという論理とほぼ同一である。また、犠牲となった朝鮮人やその遺族に対しては何ら言及することなく、命を落とした自警団員の遺族に対する慰藉《いしゃ》の措置を政府に求めていた。関東自警同盟の論理は『綾川経過真相』とほぼ一致していることから、綾川は関東自警同盟の中では中心的な人物であったと考えられる。

『綾川経過真相』によれば、一九二三年一一月六日、本庄事件の求刑にあたって根本首席検事は「社会上ノ影響及ビ法ノ威信上、決シテ軽ク処断スルコトハ出来ヌガ、各被告中実刑ニ処セラレタトシテモ、刑期ノ全部ヲ服役シナクトモヨイ方法、例へバ大赦、特赦、仮出獄等ノ恩典ニ浴スルコトモ出来ル」と論告で述べたという。判決の言い渡し前に検事が恩赦の可能性について言及していたのである。綾川は「天皇ノ大権ヲ干犯《かんぱん》スル行為」であると厳しく批判しているものの、こうした検事側の動きも察知しつつ、関東自警同盟は恩赦を要求して活動していた可能性がある。

一一月二六日、浦和地裁は大部分の自警団員の被告に執行猶予を付けつつも、有罪判決を下したのであった。その八日後の一二月四日、司法大臣平沼騏一郎と関東自警同盟の代表佐藤慶次郎と綾川武治が平沼の自邸で会見している。*16 特定の裁判の判決直後に、その判決に関することで現職の司法大臣が一民間団体の代表と会うこと自体異例なことだろう。

その背景には国家主義者綾川と平沼の人的関係があった。一九二〇年に平沼騏一郎を会長とする国家主義団体国本社（第一次）が設立されるが、綾川はその同人になっている。*17 綾川は、国本社の同人であるという人脈を使って時の司法大臣に直接会い、自警団事件の被告たちに対する恩赦を強く要求したのだろう。

永井柳太郎の国会質問

埼玉県の自警団事件の判決から一九日後、帝国議会でも自警団員に対する恩赦を求める質問が出されている。一九二三年一二月一五日、憲政会の永井柳太郎議員が帝国議会本会議で埼玉県の自警団事件について質問している。

永井は、犠牲となった朝鮮人に哀悼の意を表し、遺族を慰安すべく何らかの措置を政府は取るべきだと主張しているところから、殺された朝鮮人を悼む心情が見られない関東自警同盟と同じではない。永井は、朝鮮人の「放火」「投弾」などの「不逞ノ行動」を上げて「厳重ナル取締」を求めた内務省警保局長から各鎮守府などに宛てた三種類の電文と埼玉県内務部長が発した「移牒」を読み上げ、これらの通知を受け「自警団ノ組織ハ明ニ国家ノ急ニ応ジ、公共ノ安寧ヲ保持セントスル赤心《せきしん》ニ出タルモノ」であり、「自警団ヲシテ其《その》罪ヲ犯サシメタル当時ノ官憲其モノ、責任、亦《また》之ヲ糾弾セザルベカラズト言ハザルヲ得ナイ」と、自警団の行動は「国家」、「公共ノ安寧」の為のものであり、自警団だけに罪を問い、官憲の責任を不問に付す政府の姿勢を鋭く追及したのである。そして、官憲の責任を問わないなら「命ヲ奉ジテ公安維持ノ大任ニ當《あた》ッタル自警団ノ人々」で「特ニ罪状アル者モ亦之ヲ酌量スルガ當然《とうぜん》デハナイカ」と命令に従って公安維持の任務に就いたのだから自警団の刑を減ずるべきであると論じたのである。*18

これに対して山本権兵衛首相は質問に正対した答弁をすることはなかったが、その後の「特赦」「特別特赦」の実施決定を見ると、政府として具体的な検討をしていたことは十分想像できる。

この一二日後の一二月二七日、摂政裕仁親王が帝国議会の開院式に向かう途中、無政府主義者の青年に狙撃されるという虎ノ門事件が起こり、山本内閣は責任をとって総辞職し、翌一九二四年一月七日枢密院議長の清浦奎吾が首相となった。結局、この清浦内閣のもとで前述したように有罪判決を受けた自警団員に対する「特赦」「特別特赦」が閣議決定され、関東自警同盟や永井柳太郎が求めていた措置がほぼ実現したのである。

なお、永井の最終的な要求は関東自警同盟と同一であるが、犠牲となった朝鮮人への向きあい方は明らかに異なっている。この違いは何に由来するものなのかは今後の課題としたい。

5 「特赦」実施の社会的、政治的背景

大震災後の一九二三年一一月一〇日、山本内閣は「国民精神作興ニ関スル詔書」を発した。その内容は、国民精神の堕落、贅沢に流れて放縦に走る、危険思想がはびこる、勤労を避けて安逸をむさぼる享楽主義の風潮、これらを戒め、震災被害の甚大な今は「国力ノ振興」をはかるため国民精神を引き締めなければならないとしたのである。

当時の日本社会は、一九一八年の米騒動、労働運動・農民運動の高まり、ロシア革命と日本への共産主義思想の流入、国内での社会主義運動の再興、さらには天皇の権威の低下など、歴史的には大正デモクラシーとよばれる状況にあった。天皇制国家はまさに危機に瀕していたといってもよいだろう。こうした事態に対して当時の司法官僚は国民精神の「堕落」にその原因を求めていた。[19]

つまり、「詔書」は司法官僚が考えていた国民精神の再建の為の対策の一つとして位置付けることもできるだろう。徳育の振興によって国民の思想問題に対処しようとしたもので、司法官僚のトップ、司法大臣平沼騏一郎の政治観とも共通し、平沼が「詔書」作成に関与した可能性があるとされている。しかも一九二四年、平沼はこの「詔書」の精神に依拠して国民に道徳観念を広めることを目的に国本社を改組して教化団体として活動を始める。平沼がこうした活動を始めたきっかけは、実際に無政府主義者が皇太子殺害を企てた虎ノ門事件の衝撃であったことは間違いない。[20]

国家主義者の綾川は被告になった自警団員たちの心情について次のように述べている。

斯《か》クテ彼等ノ心ハ、日ニ日ニ行政官府ヲ離レツ、アル。而《しか》シテ「モウ人ノ為ニハ働キマセン、自分ダケノコトヲシマス」ト、天皇ノ名ニ於テ行ハル、裁判判廷ニ於テ告白スル程、国家ヲ思フ心サヘ失ハレテ行クノデアル。（中略）「町村ノ為メ、国家ノ為メニ働イテ馬鹿ヲ見タ。モウ町村ノ為メ、公共ノ為メ、国家ノ為メニハ働キマスマイ。」サウシタ感慨ハ、独リ埼玉自警団員ノミノ心ニ芽ザスモノデハナイ。（『綾川経過真相』）

朝鮮人を殺害したことに対する「言いわけ」的な面も見え隠れするが、事件の責任をすべて自分たち自警団に負わせる国家への不満はかなりのものだったようだ。

自警団の構成員の中でも朝鮮人虐殺に深く関わったとされるのは在郷軍人であったことはよく知られている。その在郷軍人に向け、寺内正毅帝国在郷軍人会会長が一九一八年一〇月一二日、在郷軍人は「国家ノ中堅」「国民ノ儀表」であるべきと訓示で述べて以降、大正デモクラシー状況に対抗する理念としてこの文言は繰り返し強調された。[*21] つまり、在郷軍人は天皇制国家の最も忠実な臣民として、国に対する義務を果たす中核として国民の模範たるべき者でなくてはならないというのである。

しかし、被告となった在郷軍人はじめ自警団員たちの心は間違いなく国家から離れ、綾川が指摘するように「国家ノ為メニ働イテ馬鹿ヲ見タ」と国家を思う気持ちは完全に失われていたのである。国家主義者の平沼がこのように国家に背を向ける自警団員たちの心情を聞いて、これを放置したとは考えられない。

司法大臣平沼は国民精神の「堕落」を助長する結果を招いた自警団員への有罪判決を憂慮し、何らかの恩赦の措置を検討していたが、虎ノ門事件が起こり総辞職を余儀なくされたのである。しかし、この虎ノ門事件は、平沼に恩赦の実施をより強く決意させる要因にもなった。事件を受けて総辞職を表明した山本権兵衛内閣の最後の日である一九二四年一月六日、平沼の決意は次の清浦内閣への引継ぎを意図して「極秘」の閣議決定として有罪の自警団員に対する「特別特赦」となったのである。それが一月二三日、確かに次の清浦内閣に引き継がれたのであった。

埼玉県当局が県内市町村に「不逞鮮人暴動に関する件」という朝鮮人虐殺を誘発した誤った「移牒」を発出し、これに基づいて自警団が組織され、朝鮮人虐殺事件が引き起こされたことを、国家の側は重々自覚していた。だからこそ、事件後に司法官僚は国家責任追及を遮断し、責任を隠蔽するために検挙を「限定」し、裁判所は実刑率の低い有罪判決を下した。それでも有罪判決を受けた自警団員は納得できずに国家に背を向ける心情を吐露していたのである。

なぜなら、自警団員の意識並びに朝鮮人殺害の論理は、県が発出した「移牒」に従って「不逞鮮人」から村を守る為に行動したというものだったからである。しかも、この意識は村人も共有していた。そこで政府は「特赦」「特別特赦」という異例の恩赦によって、有罪判決の免除ないし消滅の措置を講じたのである。政府がこうした措置を取った社会的、政治的背景には、大正デモクラシー状況のなかで国民精神が「堕落」しつつあるという危機意識のもと、天皇制国家の最も忠実な臣民として期待している在郷軍人はじめ自警団員を国家から離反させるわけにはいかないという判断があったからである。

「特赦」「特別特赦」は、有罪となって国家に背を向けていた自警団員と村を守る為に行動した自警団員を「助ケネバナラヌ」と思っていた村人の意向を汲み取るものでもあった。このことによって自警団に罪を押し付けて自らの責任を隠蔽する国家の不当性への追及は緩和された。そして、同時に日本人民衆が自らの過ちに向き合う可能性も減殺されてしまったのである。

しかも国家は検挙の「猶予」、軽い判決、「特赦」「特別特赦」実施の過程で、「自衛」のためならば「誤テ」朝鮮人を殺しても甘い処分で済ますというきわめて民族差別的なメッセージを発したのである。このことは日本人の朝鮮人差別意識を大いに助長する結果を招いたであろう。

注

＊1　山田昭次『関東大震災時の朝鮮人虐殺とその後』創史社、二〇一一年。また、姜徳相は「実刑被告の多くは翌年一月二六日、皇太子の結婚の際の恩赦を受けており、実質収監は三ヵ月余にすぎなかったのである」と指摘しているが、その前後関係の経緯は述べられていない（姜徳相『関東大震災』中央公論社、一九七五年）。

＊2　史料を保管する埼玉県立熊谷図書館の詳細情報によると「関東自警同盟大正12年序川口市　加々美友幸氏所蔵資料の電子複写」とあり、一九二三年に作成されたと思われる。

＊3　「関東戒厳司令部詳報第三巻」（松尾章一監修『関東大震災政府陸海軍関係史料　Ⅱ巻　陸軍関係史料』日本経済評論社、一九九七年）。

＊4　不問に付された桶川の事件、児玉の事件については『かくされていた歴史』に記述されている。

＊5　詳しくは、山田昭次「解説　関東大震災時埼玉県内朝鮮人・日本人虐殺事件裁判判決書」の中の表「関東大震災時埼玉県朝鮮人・日本人虐殺浦和地裁判決一覧表」（山田昭次編纂『関東大震災朝鮮人虐殺裁判資料1』緑蔭書房、二〇一四年）。

＊6　印刷局『官報　号外』一九二四年一月二六日。

＊7　「大正十三年一月二十一日　恩赦ニ関シ閣議決定ノ件命ニ依リ起案上申ス」アジア歴史

資料センター A03023581400。

*8 岡田亥之三朗『逐條恩赦令釋義』松華堂書店、一九四四年。

*9 *7に同じ。

*10 法務省保護局恩赦課編「〈資料〉政令（勅令）恩赦・特別基準恩赦一覧表」（『ジュリスト』No.九三四、有斐閣、一九八九年六月）。

*11 姜徳相・琴秉洞《クムビョンドン》『現代史資料6 関東大震災と朝鮮人』みすず書房、一九六三年。

*12 *1の山田昭次前掲書の「関東大震災時朝鮮人、日本人虐殺事件第一審判決分析表」。

*13 「恩赦執行費外一件ヲ国庫剰余金ヨリ支出ス」アジア歴史資料センター A13100708700。

*14 *1の山田昭次前掲書。

*15 東京日日新聞一九二三年一〇月二三日付、『かくされていた歴史』より。

*16 「目下運動継続中の関東自警同盟では大震災当時当局の自警団員に対する処罰の苛酷に失したる糺弾中であったが、去四日朝十時西大久保の自邸で平沼法相が直接自警同盟の代表者佐藤慶次郎綾川武治氏と会見する事にした。」法律新聞一九二三年一二月一三日。

*17 綾川は一九二一年八月時点で、三二人の国本社同人の一人に名を連ねている。萩原淳『平沼騏一郎と近代日本』京都大学学術出版会、二〇一六年。

*18 「官報号外　衆議院議事速記録第5号」一九二三年一二月一六日、琴秉洞編・解説『朝鮮人虐殺に関する知識人の反応1』緑蔭書房、一九九六年。

＊19　渡辺治「日本帝国主義の支配構造―１９２０年代における天皇制国家秩序再編成の意義と限界―」（歴史学研究会編集『民衆の生活・文化と変革主体　歴史学研究別冊特集』青木書店、一九八二年一一月）。

＊20　萩原淳前掲書。

＊21　藤井忠俊『在郷軍人会―良兵良民から赤紙・玉砕へ』岩波書店、二〇〇九年。

第四章　在郷軍人の「不逞鮮人」経験

図10は、一九二三年九月三日に秩父鉄道永田駅近くで撮影された写真を掲載した新聞（赤旗一九八五年六月二九日付）で、竹やりなどで武装する花園村（現深谷市）の自警団が整列している様子が写されている。左から二人目と五人目の人物は他とは異なり、軍帽と思われるものをかぶっている。おそらく在郷軍人であろう。

朝鮮人を虐殺した自警団の中で在郷軍人の果たした役割が大きかったことは、これまでも様々指摘されてきた。しかし、実際に組織された自警団の中で在郷軍人が具体的にどのような役割をはたし、それが地域の在郷軍人たちの軍隊・従軍経験とどのように結びついていたのかについては、必ずしも明らかにされてこなかった。

本章では、地域における在郷軍人分会の在り方を検討するとともに、自警団が夥《おびただ》しい数の朝鮮人を虐殺した埼玉県北部地域（熊谷・神保原・本庄・寄居）での事件について、在郷軍人の軍隊・従軍経験と朝鮮人虐殺事件において果たした役割の関係性を具体的に描いていきたい。

『かくされていた歴史』の「事件の概要と特徴点」の中に「埼玉各地の事件の聞きとりの

赤旗 1985.6.29

関東大震災当時の埼玉
自警団の写真発見

【熊谷】一九二三年九月一日の関東大震災による大混乱のなかで、自警団の手で多数の朝鮮人が虐殺されました。このほど埼玉県でこの当時の自警団の様子を撮った写真が発見され注目されています。

これは、関東大震災六十周年朝鮮人犠牲者調査追悼事業実行委員会（事務局団体・日朝協会埼玉県連合）の井下田純代表委員らが二十八日熊谷市役所内で記者会見して明らかにしたもので、埼玉県で自警団を撮った写真が見つかったのは今回が初めて。写真は大里郡花園町に住む飯島匡克さん(八〇)が、当時秩父鉄道・永田駅付近で撮影し、大切に保存していたものです。

関東大震災当時、県下では「不逞鮮人多数が本県に入り来るやも知れず、又其間過激思想を有する徒之に和し…」との県内部の極秘通達文が出され、熊谷、本庄、神保原、寄居など各地でデマを信じた自警団の手で二百数十人の朝鮮人が殺されています。

同実行委員会の岩本正光事務局長は「花園では朝鮮人が殺害された記録は残っていませんが、県内の自警団の写真は初めてであり、とても貴重です。いま自民党は国家機密法を制定しようとやっきになっていますが、この写真はいつ国民が〝加害者〟の立場にたたされるかも分からない危険性を示していると思う」と話しています。

竹ヤリ持参で集まった自警団の様子が生々しい（大里郡花園町在住の飯島匡克さんが撮影）

図10　自警団を撮った写真が埼玉県で初めて見つかったことを報じる赤旗1985年6月29日付

中で、朝鮮駐屯軍帰りの在郷軍人が幅をきかしている。これはいうなれば日本帝国主義の植民地支配の手足となり、弾圧の片棒をかつがされてきた人たちであった」との記述がある。これは、自警団事件は日本人民衆が起こした犯罪であったが、同時に帝国日本の権力犯罪の側面があったことを指摘したものである。ただこの「朝鮮駐屯軍帰り」という表現が具体的にどのような軍隊あるいは従軍経験と関わった文言なのかは定かではない。

矢澤康祐は、在郷軍人は「権力犯罪と民族犯罪の接点」に存在し、朝鮮人に対する偏見や差別は一般的・抽象的に存在していたのではなく「個々の民衆の体験に媒介されて増振している」のではないかという問題意識から、自警団の中心にいた在郷軍人及び軍隊と朝鮮人虐殺との関わりを検討している。矢澤は、『かくされていた歴史』に載る埼玉県北部地域での事件の証言などから「シベリア干渉戦争への参戦経験は、この戦争の反革命及びシベリア・間島《かんとう》在住朝鮮人の独立運動への過酷な弾圧という実態からみて、関東大震災における朝鮮人虐殺と無関係とはいえないように思う」とし、シベリア戦争に参戦した第一四師団（宇都宮）に所属していたと思われる在郷軍人の従軍経験が県北部地域での朝鮮人虐殺と関係しているだろうとしている。[*1] しかし、虐殺に関わった在郷軍人が第一四師団のどの部隊に所属し、シベリア戦争で朝鮮人との間でどのような従軍経験をしたかについては史料上の制約から詰め切ることはできなかった。

姜徳相《カンドクサン》は関東大震災時の朝鮮人虐殺は、日本軍の東学農民との戦争、義兵戦争、三・一独立運動に対する弾圧・虐殺というように、戦争状態が伏流化していた日本の朝鮮支配の連続の中に位置付けられるとする。[*2] 帝国日本の植民地戦争、つまり植民地支配に抵抗する人々を武力によって制圧する戦争の中に関東大震災時の朝鮮人虐殺を位置付けるのである。一九二〇年代においては日本軍による三・一独立運動弾圧、間島虐殺、シベリア戦争の三つの経験から、民族問題だけではない社会主義思想への対抗も含めた、朝鮮人との新たな敵対関係がつくり出され、関東大震災時の朝鮮人虐殺になったとしている。軍部、官憲が社会主義思想を帯びた朝鮮独立運動を警戒、敵視していた結果が戒厳令の布告であり、姜はこれを「朝鮮人に対する宣戦布告」であるとしている。

また姜は、帝国日本の植民地戦争を第一線で指揮した高級将校、軍人たちが、その後の関東大震災時には戒厳司令部などで要職についているという人脈の問題も指摘している。そして、植民地戦争を戦った兵士が関東大震災時に在郷軍人となり朝鮮人を虐殺したことについて次のように指摘する。「自警団が見境なく朝鮮人は敵だと襲いかかりますか、あれは日本の侵略戦争時の兵隊。彼らは朝鮮を経験している、『満州』、シベリアの戦争を経験している、除隊をして帰ってくる、兵隊に行く時には役に立つ兵士として敵視教育をされている、そういう属性を持たない限り町のおっちゃんが人殺しを簡単にできるものではない」と述べ、在郷軍人の中の「満州」・シベリアでの「不逞鮮人《ふていせんじん》」「討伐」の経験を重視している。多少直感的な表現だが、本質を突いた指摘であるように思う。

本章では、朝鮮、間島、シベリアへと拡大していた帝国日本の植民地戦争における兵士レベルの「不逞鮮人」「討伐」経験がどのように自警団による朝鮮人虐殺と結びついていたかを事件現場の地域から具体的に明らかにすることで、姜徳相の直感的な指摘を史料的に裏付けていきたい。

1　地域における在郷軍人分会

町村の指導層でもあった在郷軍人分会役員

まず、地域において在郷軍人を組織した在郷軍人分会について埼玉を例に見てみよう。そもそも在郷軍人とは満二〇歳に達した成年男子が徴兵検査で合格し、現役徴集者が三年間（歩兵・通信兵は通常二年間）兵営での軍隊教育を受けた後、地域にもどって予備役、後備役、あるいは補充兵役にあるものを指す。

帝国在郷軍人会が創立されたのは一九一〇年一一月三日であり、その翌年には埼玉県下の各地域にも分会が結成されるが、しばらくその活動は停滞していたようである。分会の活動が活発化するきっかけは、一九一五年に天皇が在郷軍人へ勅語を下ろし、内帑金《ないどきん》一〇万円を下賜したことにより、市町村から分会に補助金が出るようになったことだったという。*3

竹内将彦の研究に基づいて、埼玉県南部の木崎村（ほぼ現さいたま市浦和区）分会を例にして当初の活動状況を見てみたい。木崎村分会においては、一九一七年に村長、助役をはじめ村の有力者から寄附金を募る「基本財産設置事業」によって分会の財政が確立したことにより活動が活発になる。

もう一つ、活動が軌道に乗るかどうかは分会が軍の指導・統制のもとに置かれつつも、町村に受け入れられる組織であるかどうかにかかっていた。当時の木崎村分会の分会長の家は農業経営的には村内の上層に位置し、江戸後期には名主役をつとめ、明治以降は村会議員もつとめた村落指導者であった。また、分会の他の役員も村内中農層で、多くは青年団や消防組の幹部を兼任している村落指導層であった。[*4]

従って、木崎村分会の活動も三大節での勅諭勅語奉読式や陸軍記念日の祝典、戦没者の祭典、軍事懇話会や撃剣会・射撃会など帝国在郷軍人会本部が定める軍事に関する事業だけでなく、「地方青年団ト親密ナル関係ヲ保チ青年ノ誘掖《ゆうえき》指導ニ協力スル」「地方公益改良事業ヲ幇助《ほうじょ》シ風教ノ改善ニ尽力スル」「産業発達ヲ図ル為メノ研究会開催等ニ賛助」するなど、村の青年層への教育や村の公益事業や産業発展に関わる事業なども分会規約の中に位置付けられていた。[*5]

このことは自警団における在郷軍人を見る上で重要である。一九一〇年代後半からその活動が定着する地域の在郷軍人分会は、町村の指導層が分会役員となり、活動も軍事に関する活動だけでなく町村の利益に合致することも行っていたのである。また、一九一五年の内務省・文部省訓令により、青年団は在郷軍人に直結する団体であると位置付けられていた。このような在郷軍人分会の在り方から、消防組・青年団・在郷軍人によって構成されていた地域の自警団の中で在郷軍人は指導的な役割を担っていたと見るべきであろう。

また、片柳村の自警団の構成は「片柳消防組員・仝《どう》在郷軍人分会員・仝青年団員・其《その》他有志」で、総数約五〇〇人、構成比率は消防組員三、在郷軍人分会員一、青年団一だったと記されている。[*6] 在郷軍人分会員は、人数としては全体の五分の一程度だったようである。しかし、埼玉県の「移牒《いちょう》」は「在郷軍人分会消防隊青年団等と一致協力して」自警団を組織して対処せよ、と在郷軍人を先頭に記して指示していた。員数としては多数ではなかったが、在郷軍人分会員が自警団の中で果たした役割は大きなものがあったと思われる。

地域における在郷軍人の存在状況

地域における在郷軍人の存在状況について、大里郡八基《やつもと》村を例に見てみよう。一九一五年一二月に熊谷連隊区司令部が発行した『熊谷連隊区管内民情風俗習慣』[*7] によれば、八基村

（現深谷市北西部）は渋沢栄一の生誕地である血洗島《ちあらいじま》のある村で、利根川南岸に位置し、六一四戸、人口四〇〇〇人、八五パーセントは農業に従事していたという。

村の現役軍人は二〇人、在郷軍人である予備後備役、補充兵役が合わせて二〇五人であった。日露戦争従軍者は九七人（うち、戦死四人、病死六人）であった。一九一一年に在郷軍人分会が成立し、一九一五年の報告の段階では分会の正会員は六六人、村長と小学校の校長の二人が「鞏別会員《きょうべつ》」となっていた。

帝国日本の兵士としての教育を受けたものが二〇五人、その内従軍経験を持つ者が少なくとも半数程度は含まれ、この在郷軍人が村の人口の約五パーセント存在し、その内の約三分の一が分会に組織されていたという状況だったようである。帝国日本と地域との関わりを考えた場合、あなどれない数であると考える。

帝国日本の模範的な臣民としての在郷軍人

次に自警団を構成していた在郷軍人と青年団が一九一〇年代後半に国家からどのような存在であることが求められていたのか、第一次世界大戦後に内務省によって提唱、推進された戦後民力涵養《かんよう》運動から見てみたい。当時、天皇制政府は一九一八年の米騒動、その後の労働運動・農民運動の高まりなど、大正デモクラシー状況に直面し、その対策を講じなければならなかった。そうしたなかで、内務省は、一九一九年三月一日「戦後民力涵養に関する件」を発出し、民力涵養運動を始める。そこでは「立国ノ大義ヲ闡明《せんめい》シ国体ノ精華ヲ発揚シテ健全ナル国家観念ヲ養成スルコト」を筆頭に、公共心の涵養、勤倹力行《きんけんりよっこう》などの五大要綱が示され、そのためには「国体ノ精華」の発揚、天皇を中心とした「国家観念ヲ養成」するといった国家主義を「涵養」することが必要だとしていた。*8

埼玉県は戦後民力涵養委員会を組織し、一九一九年六月二七日「戦後民力涵養実行要目」を各郡、町村に示達し、県下の町村は自治会・戸主会を設置、県が示す「実行要目」を基に「実行細目」を作成して実践していった。*9 秩父郡原谷《はらや》村では村長の町田嘉之助を会長に「原谷村戸主会」が組織され、一九二一年に村長の諮問を受ける形で「戦後民力涵養実行細目」*10が決定される。形式的には地域の実態に応じて村が自主的に、国家が求める「国家観念」を養成するための実践項目を決定することになっていた。

ここには二つの大項目「第一　国民的信念ヲ旺盛ニスルコト」「第二　生活ヲ改善シ其《そ》ノ安定ヲ期スルコト」が掲げられ、国家主義「涵養」に関わっては多くの細目があり、その項には「国史ノ要諦ヲ知徳セシムルコト」「国民道徳鼓吹ニ努ムルコト」「十大祝祭日ノ意義ヲ了得シ必ズ国旗ヲ掲揚スルコト」、在郷軍人と青年団に関わっては「三大節等ニハ補習学校生徒在郷軍人会役員青年団役員等ハ小学校ノ祝賀式ニ参列スルコト」など、村民に対する教化主義的な項目が列記されている。

また、「立憲自治ノ観念」の陶冶《とうや》に関わる細目の中に「青年団員在郷軍人会員ハ公民的修養ニ努ムルコト」という項があり、青年団と在郷軍人は「法令ノ閲読研究」を行い、事務所には「官報県報」を備え、団員、会員が閲読できるようにする、「公共的事業ニ従フコト」として「採種圃ノ経営試作地共同耕作及病虫害ノ駆除」など村の公益に関わる活動など九項目が列挙されている。

様々な行事等に取り組むことを通して、村民たちに天皇制国家主義を浸透させ、その中で在郷軍人・青年団は国家の最も忠実な「公民」として法令を守り、模範的な村民であることが求められていたのである。地域で天皇制国家主義を体現するような最も模範的な帝国日本のコアとなる臣民になることを在郷軍人と青年団は求められていたのである。

一方、第三章で述べたとおり、帝国在郷軍人会本部からも、在郷軍人は「国家ノ中堅」「国民ノ儀表」であるべきだと繰り返し強調されていた。

関東大震災での軍中央と在郷軍人分会

片柳村染谷の事件では犯人として五人の自警団員が検挙されたが、その中で最年長の被告C（四六歳）の名は、現在片柳小学校校庭の隅にある「忠魂碑」（大正六年四月三日帝国在郷軍人会片柳村分会）の従軍者のなかに名前を見ることができる。さらに、染谷の八雲神社に一九三〇年一〇月一日に建てられた「明治三十七八年　日露戦役従軍記念碑」裏の「片柳村大字染谷字東従軍者」六名（内一名戦死）の中にも「陸軍輜重《しちょう》輸卒C」と刻まれている。Cは日露戦争の従軍経験をもつ在郷軍人であったことがわかる。

関東大震災直後の一九二三年九月五日付で、帝国在郷軍人会本郷支部から片柳村分会へ罹災民への救助を依頼する通知があったことが片柳村の公文書を調べていて判明した。片柳村は北足立郡役所のもとに属し、管下の町村の分会は第一師管区連合支部の本郷支部の下にあったので、本郷支部から通知が届いたのだった。この通知は当然染谷にも伝わっていたであろう。[*11]

片柳村に北足立郡役所を通して、県当局の九月二日付「不逞鮮人暴動に関する件」という「移牒」が届き、在郷軍人、消防組、青年団によって自警団が組織されるのは九月三日であった。これが染谷に伝えられ、染谷の自警団は活動を開始したことはすでに述べた。九月五日付の本郷支部からの通知は片柳村分会がすでに救援、警備活動を開始している中で、帝国在郷軍人会本部からの最初の連絡であったと思われる。[*12]

内容は、在郷軍人の罹災者に対する配慮を願う依頼文とともに「情報（九月三日午後）帝国在郷軍人会本郷支部」と題されたものである。[*13]「情報」によると、二日に戒厳令が布かれ、福田雅太郎大将が戒厳司令官に就任したこと、近衛第一師団はじめ関東地方の諸隊の動向、東京での警戒警備の概要などを記した後、「今ヤ在郷軍人ハ真ニ国家ノ中堅トナリ邦家ノ為メ市民ノ為メ全力ヲ以テ活動スヘキ時期ト信ス」として在郷軍人として活動すべき事項を列記している。

そして、首都を襲った大震災というまさに国家的な危機に際して、避難民に対する救援活動などを具体的に列記し、その最初の項目に「不逞鮮人」に関わることが記されているのである。以下がその部分である。

一、流言蜚語《ひご》ヲ戒メ市民ニ情況ニ応シ適当ニ安心ヲ與フルコト但シ不呈《ママ》鮮人中一部或ル者ノ煽動《せんどう》ニ依リ放火ヲ企ツル者アルヲ以テ　市民ハ適宜部分〳〵ニ自ラ火災盗難等ノ予防ニ注意セシムル如ク指導シ　尚《なお》鮮人徒党但シ暴行ヲナスカ如キ流言アルモ今迄軍部ニ於テ百方偵察ノ結果ハ右ノ如キ状況ヲ認メス　又鮮人ニ会シタル際ハ適宜警備部隊又ハ官憲ニ交付シ昂奮ノ余リ猥《みだり》ニ暴行迫害ヲ加フル等ノ事ハ注意ヲ要ス　然《しか》レ共《ども》真ノ不呈《ママ》鮮人タルコトヲ確認シ又ハ彼等ヨリ抵抗シタル場合ニ在リテハ断乎《だんこ》タル処置ヲ取ルコトハ勿論ナリ

朝鮮人が徒党をくみ暴行をするなどの流言があるが、軍部が偵察した限りではそのような状況はなかったので、みだりに暴行迫害をしてはならないと戒めているが、「真ノ不呈鮮人」に対しては在郷軍人が「断乎タル処置ヲ取ルコトハ勿論」だと指示している。

この五日付「情報」は、四日午前三時頃に発生した染谷での朝鮮人虐殺事件の後に届いているので、時系列的に見てこの「情報」が事件に直接関与したとは言い難い。しかし、在郷軍人は「不逞鮮人」と確認できた場合には「断乎タル処置」を取ることが求められていたことは確認できる。

さらに、在郷軍人分会ルートによる通知の存在自体にも注目する必要がある。軍中央と地方軍組織は一九一〇年に結成された帝国在郷軍人会の本部と地域の在郷軍人分会を掌握していったが、このことを山田朗は「一般行政とは別の、軍中央からの地方軍組織を経由した意思伝達ルートが構築されたことを意味した」*14と指摘している。

関東大震災時の朝鮮人虐殺において、戒厳令を発令し地域の在郷軍人分会に流言蜚語を伴う「情報」を伝達した軍中央は、支部・分会というルートで地域の在郷軍人とつながっていたのである。前述のとおり、検挙されたCは日露戦争従軍兵士の一人で、自警団の中では年長の在郷軍人であった。おそらくCは、大震災に際して「国家の中堅」として「不逞鮮人」に対する「断乎タル処置」の中心的な役割を果たしたのであろう。

2　県北部地域での朝鮮人虐殺と在郷軍人

熊谷・神保原・本庄・寄居での大規模な朝鮮人虐殺

九月三日から警察と各町村の自警団は、多数の朝鮮人を県南部から中山道を北に向けて、町から隣の町の自警団へ駅伝のように連行していった。しかし、この目的や目的地については、指示した警察もよくわかっていなかったようだ。その結果、多数の朝鮮人が、県北部地域の熊谷・神保原・本庄において自警団や群衆によって虐殺された。また、寄居では一人の朝鮮人具學永《クハギヨン》が虐殺されている。図11は「捕はれた　頭に布を巻きしがそれ　亀有より千住署へ送らる、處」というキャプションのある写真である（一九二三年九月五日付「いはらき」、後の茨城新聞）。はっぴを着た自警団員と警察官と思われる人々が朝鮮人を取り囲みながら、線路上を千住署に向けて護送している。埼玉でもこのようなかたちで、朝鮮人は中山道を南から北へと町村ごとに連行されていったと考えられる。

『埼玉県北足立郡大正震災誌』には「九月三日夜東京方面から避難して来た朝鮮人百八九十名が仲仙《ママ》道を村から村へと伝逓《でんてい》護送されて大宮町を通過」とある。翌四日、鴻巣町においては「流言盛ん」となり「鮮人憎悪」「復讐的迫害行為」も起こりそうな状況だったが、鴻巣町消防組が「四日朝鮮百三十余名を町内に休憩せしめ厚き手当を加へ（中略）朝食を使はしめ煙草を給与する等夫々救助の手当」を加えたという。地域によってはこのように朝鮮人を保護したケースもあったようだ。さらに吹上駅では「九月四日午前十一時頃吹上停車場より鮮人百三十名を乗車避難せしむべく同駅に向ひたる際下り列車にて下車せる多数の避難民は騒然として鮮人に迫害の態度に出て一時殆と《ママ》混乱の状態」になったが、巡査らの努力によって、なんとか「同日午后二時熊谷署に引継」をすることができたようだ。

九月四日午後、吹上方面から護送されてきた朝鮮人の一部はトラックで熊谷方面に向かい、残りも荒川土手を歩いて熊谷に向かったが、土手で休憩中に逃げ出したとして一人、久下村

図11　「いはらき」1923年9月5日付。自警団員と警官に護送される朝鮮人の写真を載せている

で七〜八人、佐谷田村で一人殺害されている。証言によれば、この頃の朝鮮人達は縛られ繋《つな》がれていたという。四日の夕方熊谷町に到着し、その夜から明け方にかけ町内で四六〜四七人、全体で確認できた最低数で五七人、証言も含めれば六八〜七九人にのぼる朝鮮人が自警団や群衆によって虐殺されている。

　同じく四日午後、一五人の朝鮮人を乗せたトラックが本庄警察署から群馬県側に向かうが、群馬の新町の自警団に受け取りを拒否されてしまう。引き返して、ひとまず賀美村役場に収容したが、夜になり再び別の数十人の朝鮮人を乗せた三台のトラックが賀美村まで来ると、激昂した群衆はトラックを取り囲み、乗っていた朝鮮人を殴り始めた。そのためトラックは引き返したが、神保原村で二台が止められ乗っていた朝鮮人が自警団や群衆によって虐殺される。犠牲者は四二人であった。

四日には本庄署内に町内や県南部から連れてこられた朝鮮人が演武場に収容され、また夜になって神保原で難をのがれたトラックの朝鮮人などが署にもどってきていた。そこへ群衆が襲いかかり、一晩かけて虐殺が行われ、確認できた最低数で八八人、証言を含めれば一〇一～一〇二人にものぼる朝鮮人がここで虐殺されている。

五日昼頃、寄居では周囲の状況に不安を感じた飴売りの朝鮮人具學永が自ら寄居警察署に保護を求めて署内にいた。本庄署での朝鮮人虐殺の状況を聞いた隣村の用土村の自警団は五日夜に寄居警察署に殺到し、留置場から具學永を引きずり出して虐殺している。[*15]

被告の中の在郷軍人

表2は熊谷、神保原、本庄、寄居での朝鮮人虐殺事件で起訴された被告の所属組織の一覧である。所属組織の出典は前述の『綾川経過真相』である。

表２　埼玉県北部地域で朝鮮人を虐殺した被告の所属組織

	被告総数	在郷軍人	青年団	消防組	記載なし
熊　谷	35人	16	5	5	13
神保原	19人	6	1	9	8
本　庄	33人	7	7	2	18
寄　居	13人	4	7	4	0

※熊谷では在郷軍人と消防組が重複している者が２人、在郷軍人と青年団が重複している者が１人、青年団と消防組が重複している者が１人いる。神保原では在郷軍人と消防組が重複している者が５人、本庄では在郷軍人と青年団が重複している者が１人、寄居では在郷軍人と消防組が重複している者が２人いる
出所：綾川武治『埼玉県自警団事件経過真相』

熊谷での事件の被告三五人のうち在郷軍人は一六人で四五・七パーセントを占め、半数近くにのぼっている。判決文によれば被告らは「漸次来集セル数千ノ群集ト共ニ」手に手に凶器を持って朝鮮人への暴行と殺害を行ったとしている。*16 従って三五人の被告は実行犯全体の一部にすぎないことを裁判所自身が認めているのだが、その中の半数近くが在郷軍人なのである。

神保原での事件の被告一九人のうち在郷軍人は六人で三一・六パーセント、本庄での事件の被告三三人のうち在郷軍人は七人で二一・二パーセント、寄居での事件の被告一三人のうち在郷軍人は四人で三〇・八パーセントとなっている。被告の二〇〜三〇パーセントが在郷軍人であり、彼らの中には町村で一定の指導的役割を果たしていた在郷軍人分会の一

員であったものもいたと考えると無視できない数だろう。

3　歩兵第六六連隊のシベリア戦争と「不逞鮮人」

熊谷連隊区と歩兵第六六連隊、第一九師団の下の部隊

次に被告の中の在郷軍人たちが所属していたと考えられる部隊はいったいどこだったのか。このことを検討したい。

陸軍は日露戦争中の一九〇五年に第一三・一四・一五・一六の四個師団を急設し、これら師団は一九〇八年に常設師団となるが、その中の第一四師団（宇都宮）の歩兵第六六連隊は一九〇七年一〇月三一日に新設され、この新しい連隊の創設と関わって熊谷連隊区が一九〇七年五月二七日に新設されている。なお、歩兵第六六連隊と熊谷連隊区は一九二五年の軍縮により、ともに廃止されている。

『明治四〇、五、二七―大正一四、五、一　熊谷連隊区司令部歴史』[*17]によれば「明治三十

七八年戦役後四ケ師団ノ増設ニヨリ之ニ応スル連隊区司令部ヲ新設スルコト、ナリ当連隊区司令部ハ高崎管内埼玉県ニ属スル大里、児玉、秩父、比企、入間ノ五郡ヲ割キ之ヲ管轄スル第十四師団歩兵第六十六連隊ヲ基幹トセル連隊区トナルニ至リ」とある。

つまり、一九〇七年に高崎管内の埼玉県の大里以下五郡の管轄地域を割いて熊谷連隊区を創設したのである。また『歩兵第六十六連隊史（大正十一年版）』[*18]（以下、『連隊史』と略記する）には一九〇七年一二月に「熊谷連隊区より入営せる初年兵八八二名を各隊に配属」とあり、埼玉の大里以下五郡、県西北地域で徴兵された多くの兵士はこの歩兵第六六連隊に所属したものと考えられる。

そのことは、一九一七年の「熊谷連隊区新兵入営表[*19]」で、大里以下五郡の入営者一一五七人の内八九一人（七七・〇パーセント）が歩兵第六六連隊に入営していることからもわかる。事件の起こった熊谷町と寄居町は大里郡に含まれ、大里郡だけを見ても二六六人の内二〇六人（七七・四パーセント）、また本庄町と神保原村が含まれる児玉郡では一三五人の内一〇四人（七七・〇パーセント）が歩兵第六六連隊に入営している。

一方、一九一八年一一月の帝国在郷軍人会熊谷支部の『支部報』には歩兵第六六連隊の「射撃成績表」などが掲載され、同時に「大正七年度第一九師団入営兵集合期日船舶輸送入営期日表」もあり、朝鮮半島の第一九師団の歩兵第七四連隊（咸興）、野砲兵第二五連隊（羅南・龍山）、工兵第一九大隊（会寧）が示され、内地集合地は大阪で期日は一九一八年一一月三〇日となっている。*20

以上から、一九〇七年以降大里・児玉・秩父・入間・比企の五郡から熊谷連隊区に徴兵された兵士たちの八割弱は第一四師団（宇都宮）の歩兵第六六連隊に所属し、確認できる一九一八年には朝鮮の第一九師団の下の部隊に所属した兵士も一定数いたのである。

特に、一九一八年に一九師団の連隊に所属した兵士たちは、入営約三カ月後に朝鮮で三・一独立運動が起こっていることから、彼らが日本軍による弾圧に動員された兵士の一員になったことはほぼ間違いないだろう。

沿海州武力衝突事件と「不逞鮮人」

次に歩兵第六六連隊のシベリア戦争での従軍状況について見てみよう。歩兵第六六連隊の部隊は、関東大震災の四年前の一九一九年四月二二日、青森から船でウラジオストクに向かい、ここに上陸した後、汽車で移動して五月一日にはハバロフスクに集結、さらに西方のブラゴヴェシチェンスクに主力を置き、黒龍州の守備の任務に就いている。六月下旬からロシアの「過激派」との戦闘が始まり、一〇月には戦死一八人・負傷二二人が出る戦闘を経験し、一一月から翌一九二〇年の一月にかけて六十余回の「討伐」を行っている[*21]（図12参照）。

三月には沿海州方面に転じ、三月一八日に連隊全員がウラジオストクの北方のニコリスク・ウスリースキー（現ウスリースク）に駐屯することとなった。一九二〇年初頭はシベリア戦争にとって転換点となった時期である。極東の大部分を支配下におさめていたコルチャーク政権は崩壊し、この一月にはアメリカ軍が撤退を開始し、大義名分であった救援の対象のチェコスロバキア軍もシベリアから撤退を始め、日本軍出兵の当初の大義もなくなった。一月から二月にかけてニコリスク、ウラジオストク、ブラゴヴェシチェンスク、ハバロフスクには次々と革命派が入城していた[*22]。そのニコリスクに歩兵第六六連隊は入って行き、革命軍と日本軍が雑居する状態になったのである。

こうしたなかで、四月四日夜から五日、六日、ハバロフスク、ニコリスク、ウラジオストクなどで日本軍は大規模な武力行動にでた（沿海州武力衝突事件[*23]）。歩兵第六六連隊はニコリスクで激しい市街戦を展開し、戦死一九人・負傷四〇人を出している。この日本軍の戦闘のねらいは沿海州における朝鮮人居留民の独立運動を一掃することにあった。ウラジオストクでは朝鮮人居留区の新韓村に突入して韓民学校を焼き払い、ニコリスクでは「排日朝鮮人」

を家宅捜索して七六人を逮捕し、内四人を射殺している。この歩兵第六六連隊が関わったニコリスクでの朝鮮人射殺事件について当時の新聞は次のように報道していた。

不逞鮮人射殺事件　陸軍当局談　四月七日尼市不逞鮮人射殺事件の真相左の如し
露領特にニコリスク附近に於ける不逞鮮人は露□政変以来著く排日気勢を昂《たか》め公然不穏文書を分頒し□りに排日思想を鼓吹し或《あるい》は我軍雇傭の鮮人を殺害し或は親日鮮人に迫害を加ふる等其《その》治安を紊乱《びんらん》し我軍を侮辱するの行為日と共に増進し来たりしが四月四日夜日露両軍交戦状態に入るや浦潮及尼市に於ける不逞鮮人は露軍側に饗応して起つべき気勢を示し□に尼市に在りては明かに我軍に対し狙撃するものありし*24

このような状況だったため「排日鮮人団の有力者」であることが間違いない四人を逮捕したが、移送中に逃亡をはかり抵抗したために「已《や》むなく之《これ》を射殺」したというのである。

ロシアの革命派の沿海州への勢力拡大によって、この地の朝鮮人の独立運動は勢いを強め、この両者が結びつくことを軍は強く警戒していた。沿海州武力衝突事件は、これに対する日本軍の作戦であり、歩兵第六六連隊の兵士たちは、ニコリスクにおいて、ロシア革命派の側について独立運動を行っていた「不逞鮮人」と戦っていたのである。兵士たちは、おそらく日本軍の敵であるロシア「過激派」と「不逞鮮人」がいかに悪辣《あくらつ》で恐ろしい人間であるかを

図12　間島虐殺関係地図

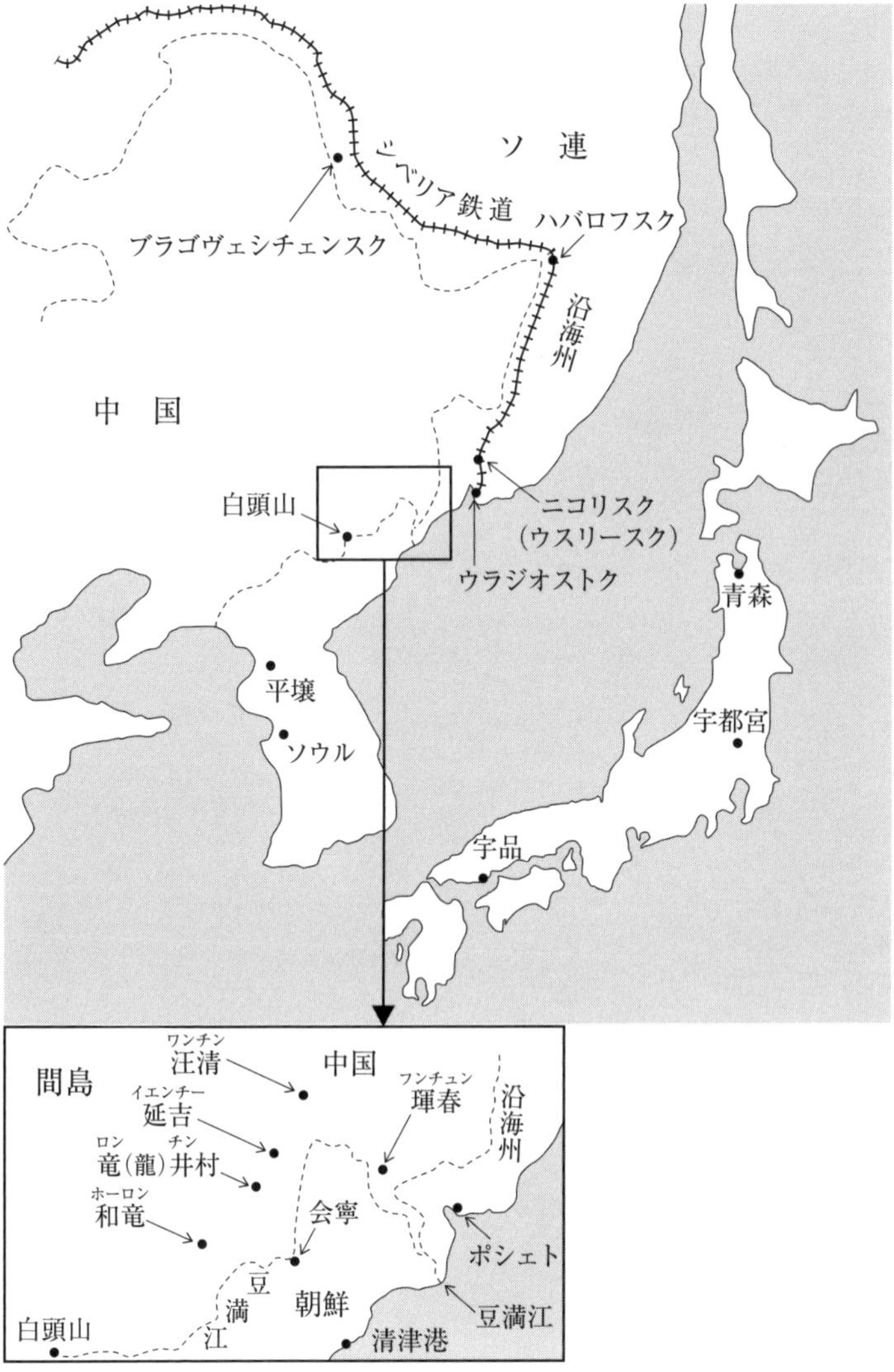

教育されたであろうし、激しい市街戦の記憶は戦死した戦友への思いと結びついて、その後周囲の人々に語られたであろう。

歩兵第六六連隊の見た間島虐殺

六月に入ってニコリスクからさらに北方のイマン（現ダリネレチェンスク）に転じ、駐屯していたが「間島方面匪徒《ひと》跳梁《ちようりよう》の為、同地方の掃蕩《そうとう》の命」を受け一〇月中旬に沿海州から撤退し、間島へと向かった。間島は中国領であるが、朝鮮族が人口の多数を占めている地域で、朝鮮との交流もさかんであった。そのため、独立運動の拠点にもなっていたことから、日本軍はこの地域の「討伐」をかねてから狙っていた。

「間島方面匪徒跳梁」とは、具体的には一九二〇年一〇月二日に日本軍が中国人馬賊を利用して日本領事分館を襲撃させ、これを「不逞鮮人」が襲撃したと偽った琿春《フンチユン》事件[*25]のことを指しており、一〇月一四日政府は次のような間島出兵宣言を出している。

帝国政府ハ不逞鮮人ノ間島方面ニ於ケル近来ノ活動ニ顧ミ（中略）不逞鮮人ノ活動ヲ激成シ転シテ支那馬賊及過激派露人ト提携シ匪徒団ヲ組織シ（中略）間島方面不逞鮮人ノ色彩ハ一変シテ其ノ兇暴《きようぼう》一層甚シキヲ加ヘ終ニ最近琿春ニ於ケル不幸ナル凶変ヲ

見ル[26]

間島方面の「不逞鮮人」が日本人に対する残虐行為の主犯とされ、「支那馬賊及過激派露人」と連携してますます「兇暴」な行為を行っているので、日本軍は出兵し「討伐」するとしているのである。

この作戦は朝鮮の第一九師団に命じられたが、合わせて浦潮派遣軍と第一四師団歩兵第二八旅団もともに行動することが命じられた。作戦の目的は「琿春及間島地方ニ在ル帝国臣民ヲ保護シ併セテ該地方ニ於ケル不逞鮮人及之ニ加担スル馬賊其他ノ勢力ヲ剿討《そうとう》セントス」というもので、作戦地域は「琿春、汪清、延吉、和龍ノ諸県」としていた。第二八旅団はシベリア戦争ですでに大陸に派遣されていた第一四師団の歩兵第一五連隊と歩兵第六六連隊で構成されていたが、第一九師団の指揮下に入り「琿春、間島地方ニ於ケル不逞鮮人ニ対スル示威ノ目的ヲ以テ琿春、涼水泉子、局子街附近ヲ経テ会寧ニ向ヒ行動」することが命じられた。[27]『連隊史』によれば、歩兵第六六連隊は一〇月二八日にウラジオストクを出港した後ポシエト港に上陸し、国境を越えて満州側に入って一一月三日には琿春付近に到着、一一日以降に局子街（延吉）・龍井村・大拉子で行動し、一八日に国境を越えて咸鏡北道の会寧に着いている。この間、歩兵第六六連隊は間島での作戦に従軍したのである（図12参照）。

一方、第二八旅団の先発、歩兵第一五連隊は一〇月一六日にポシェトに上陸した後、すでに「討伐」を行っていた部隊の後方警備のため琿春や周辺で任務についていたが、龍井村に派遣された中隊は「二九日及三〇日ニ亘リ龍井村南方水七溝及獐巌洞附近ニ於テ屢々《しばしば》我カ連絡線ヲ脅威スル賊徒ヲ剿討シ獐巌洞ニ於テハ其ノ二十余名ヲ射殺シ家屋十二戸ヲ焼却セリ[*28]」という戦闘を行っている。

龍井村カナダ長老派宣教団所属濟昌病院長エス・エチ・マーチンはこの時の状況を次のように記録している。

以下一〇月三〇日ニ当村ニ於テ実際発生セル事項ヲ多数目撃者ノ見聞通リ記述セントス。払暁、武装セル日本歩兵ノ一隊ハ耶蘇教村ヲ漏ナク包囲シ、谷ノ奥ノ方向ニアリシ蕎麦等ノ堆高ク積メルモノニ放火シ、村民一同ニ屋外ニ出ツルコトヲ命セリ。村民ノ出来ルヤ父ト云ハス目ニ触ルル毎ニ之ヲ射撃シ其ノ半死ノ儘《まま》ニテ打倒ルルヤ焔々タル乾草類ヲ覆ヒ冠セ、忽識別シ得サル程度ニ焼カルルナリ。此間モ妻モ又子女モ、村内成年男子全部ノ処刑ヲ強制的ニ目撃セシメラレタリ。家屋ハ全部焼払ハレ、界隈ハ煙ヲ以テ覆ハレ、当市（龍井村）ヨリ其ノ燎煙ヲ明カニ望見スルヲ得タリ。日本兵ハ斯《か》クシテ該地ヲ引揚ケ[*29]

「二十余名ヲ射殺シ家屋十二戸ヲ焼却」という日本軍の報告は、実際には「不逞鮮人」と関係していると見たキリスト教の獐巌洞という村の男子を皆殺しにするとともに、村ごと焼き払った作戦だったのである。一九二〇年一〇月「琿春、汪清、延吉、和龍ノ諸県」で行われた「不逞鮮人」「剿討」とはこのような作戦だったのである。まさに間島虐殺と呼ばれる所以《ゆえん》である。

愼蒼宇《シンチャンウ》は日本軍による植民地戦争の特徴を「殲滅《せんめつ》」と村落焼夷《しょうい》のように、一般住民も巻き込む「連座」にあるとし、このような住民も含めた「殲滅」作戦は関東大震災時の朝鮮人虐殺の論理と通底しているとしている。[*30]

この「不逞鮮人」とそれに与《くみ》すると見做《みな》した朝鮮人を皆殺しにする作戦を第二八旅団の歩兵第一五連隊は実行し、ともに行動していた歩兵第六六連隊は作戦が行われた地を十数日後には示威行軍しているのである。第一五連隊と行動をともにした第六六連隊も間島虐殺の実行に関わった可能性は否定できないと思われる。そして第一五連隊と第六六連隊の兵士たちはともに一一月二六日清津港から船で帰還の途に就き、一二月四日に宇都宮に「凱旋」しているのである。

歩兵第六六連隊に所属し、シベリア戦争においてロシア「過激派」と激しく戦闘し、ニコリスクでは「過激派」と結びついた「不逞鮮人」を殺害し、間島では朝鮮人に対する皆殺し作戦を現認あるいは実行しながら行軍したという従軍経験を持つ兵士は一八五六人いたが[*31]、その多くは大里・児玉・秩父・比企・入間の五郡の埼玉県出身の兵士だった。『連隊史』にはシベリア戦争での戦死・戦病死者一一一人の氏名と出身地が記されているが、内一〇二人（九二パーセント）が埼玉県の出身者であった。

4　寄居の事件で在郷軍人が果たした役割

寄居では前述のとおり、用土村の自警団が隣村の桜沢村の寄居警察署に押し寄せ、一人の朝鮮人を虐殺した事件が起きている。寄居の事件で中心的な役割をはたしたとして懲役三年の実刑判決を受けたN[*32]（当時四〇歳）の一九七三年時点の証言を『かくされていた歴史』から見てみよう。最初の「宇都宮の連隊」を除隊したという証言から、おそらく歩兵第六六連隊に所属していた在郷軍人だろうが、一九一九年から二〇年のシベリア戦争に従軍していたかどうかはわからない。

震災の頃、私は、宇都宮の連隊を除隊してここで農業をやっていました。（中略）私は先頭でなかったんですが、先頭だったということになっちゃって、私が指揮官であったということにされてしまいました。（中略）警察の庭は、人で一杯でした。そのうちに警察は逃げちゃって、警察で留置場の鍵をあけて、保護していた朝鮮人を出してきました。私は、警察では『フレー、フレー』といった方だったですね……。（中略）どうせ誰かが出て犠牲にならなければ済まないというので、わしら三人がその犠牲を背負いこんだようなものです。

一部刊行された裁判記録からNの言動を見てみると「被告Nハ此等百余ノ群集ニ対シ鮮人ハ吾人同胞ノ仇敵《きゅうてき》ナリ桜沢村ニ於ケル木賃宿真下屋ニモ鮮人滞在シ居レル筈ナレハ何時不逞ノ所行ニ出ツルヤ計リ知ルヘカラス豫《あらかじ》メ之ヲ襲撃殺害スルニ如カサル旨ヲ演説シ以テ群集ヲ煽動《せんどう》シタル」との事実が認定され、「日本刀ニテ同人ニ対シ二回斬付ケ尚右騒擾中ヤレヤレト叫ヒ群集ヲ煽動」と殺害時の行動でも煽動したことが認定されている。*33

懲役二年の求刑を受けた在郷軍人のH（当時二七歳）は「シベリア出征の在郷軍人丈けに中立てが軍人式である」との新聞記事があるので歩兵第六六連隊に所属してシベリア戦争に従軍していた可能性はきわめて高い。このHは一人で「鮮人を留置場から引き出した」とされている。[*34]

また、懲役二年執行猶予二年の求刑を受けた在郷軍人のＪ（当時三二歳）は寄居警察分署の剣道師範で「日頃同演武場に出勤していた関係上署内の模様は知悉していたので数百の自警団と共に署内に殺到し且つ率先署内留置場内に侵入し携帯の日本刀を振りかざし突きつけて群集に対し殺害を煽動」したとされている。[*35]

以上のように、歩兵第六六連隊に所属していたと思われる在郷軍人のＮ、Ｈ、また所属連隊は不明だが剣道師範のＪは寄居の事件では中心的な役割を果たしていたのである。寄居の事件では一三人の被告の中で三人が実刑判決を受けている。Ｎが「わしら三人がその犠牲を背負いこんだ」と言っているのは実刑判決を受けた三人を指しているようで、その内の二人がＮ自身とＨであると証言している。

熊谷・神保原・本庄での虐殺では、県南部から中山道を連行されてきた朝鮮人に対して、東京で放火や井戸へ投毒などの悪行をしてきたからその報復だとして自警団や群衆が虐殺に及んでいる場合が多い。ところがＮは、桜沢村に朝鮮人が滞在していることを以前から知っていて、その朝鮮人が「不逞ノ所行」に出るかもしれないからその前に殺害すべきであると言っているのである。しかも自分の住む用土村ではなく、近隣の桜沢村の朝鮮人を殺害することを説いている。それは「鮮人ハ吾人同胞ノ仇敵」だからであるという論理である。ここに見る朝鮮人＝「吾人同胞」日本人の敵、という論理は「不逞鮮人」＝「討伐」の対象、とする日本軍の論理に通ずると読み取ることができるだろう。

朝鮮人虐殺の中の在郷軍人

在郷軍人分会は役員が町村の指導層を占め、また青年団を掌握していたように、自警団において指導的役割を担っていたと考えられる。また、一九一九年から始まる戦後民力涵養運動の中でも、在郷軍人は模範的な帝国日本のコアとなる臣民であることが求められていた。そのような在郷軍人に対して関東大震災の発生時には、軍中央及び帝国在郷軍人会本部から支部をとおして各町村の分会に「不逞鮮人」に関する「情報」が伝えられていた。

関東大震災時に、警察と自警団によって県南部から中山道を町村ごとに駅伝逓送された朝鮮人が、県北部の熊谷、神保原、本庄で自警団によって虐殺され、寄居でも一人の朝鮮人が虐殺されたが、この事件で起訴された被告の中で熊谷では半数近く、神保原、本庄、寄居の事件では二〇～三〇パーセントが在郷軍人であった。

これらの事件が発生した大里郡と児玉郡出身の兵士たちは一九〇七年に新設された熊谷連

隊区に徴兵され、この年に創設された第一四師団（宇都宮）歩兵第六六連隊に所属していた可能性が高いことがわかった。また一部の兵士は朝鮮の第一九師団のもとの連隊に所属し、一九一九年の三・一独立運動に対する弾圧に動員されていた可能性も高い。

シベリア戦争に従軍した歩兵第六六連隊の兵士たちは、ロシアの「過激派」とこれに与する沿海州・間島の「不逞鮮人」がいかに悪辣で恐ろしい人間であるかを教育され、実際に「過激派」と戦い、「不逞鮮人」を殺害し、村ごと皆殺し作戦を現認し、これら戦闘の中で郷土の戦友を失うという経験をしていた。このような従軍経験を持った兵士たちが、朝鮮人虐殺事件が起こった熊谷・神保原・本庄・寄居の地域に帰還し、在郷軍人分会の一員になっていた者もいたのである。

最初に記した『かくされていた歴史』にある「朝鮮駐屯軍帰りの在郷軍人が幅をきかしている」とは、以上のような地域における在郷軍人の「不逞鮮人」の「討伐」も含んだ従軍経験を指していたのではないだろうか。

自警団に組織された在郷軍人は加害者であることは間違いないが、彼らは帝国日本の軍隊の兵士として独立運動を闘う「不逞鮮人」を敵視する教育を受け、「不逞鮮人」を虐殺する従軍経験を積んだ加害者であった。彼ら在郷軍人は帝国日本の植民地支配の中で朝鮮人虐殺の主体になるべく、ある意味で「訓練」されていたのであり、虐殺の論理には帝国日本の植民地支配が色濃く塗りこめられていたことを捉える必要があるだろう。

関東大震災発生の直後、前述の「不逞鮮人暴動に関する件」なる県からの「移牒」が届いて、自警団が組織されれば、在郷軍人たちが「不逞鮮人」の「討伐」のために地域で中心的かつ積極的な役割を果したであろうことは間違いない。

注

＊1　矢澤康祐「関東大震災時における在郷軍人及び軍隊による朝鮮人虐殺について」『専修大学人文科学年報』二〇号、一九九〇年。

＊2　姜徳相「一国史を超えて」『大原社会問題研究所雑誌』六六八号、二〇一四年六月。

＊3　藤井忠俊『在郷軍人会―良兵良民から赤紙・玉砕へ』岩波書店、二〇〇九年。

＊4　竹内将彦「地域における在郷軍人会の組織と活動―浦和周辺の事例にそくして―」『浦和市史研究』第二号、一九八七年。

＊5　「在郷軍人会木崎村分会規約」『浦和市史』第四巻近代史料編Ⅱ、浦和市、一九七九年。

＊6　「『自警団ニ関スル調査方ノ件』に対する郡役所への報告」『大宮市史』別巻一、大宮市、

一九八五年。

＊7　『熊谷連隊区管内民情風俗習慣』熊谷連隊区司令部（埼玉県立熊谷図書館所蔵）、一九一五年一二月。村ごとに「民情」が簡単に報告されているが、八基村は突出して詳しく記述されている。

＊8　金原左門は、この時の原敬首相が最も不安に感じていたことは「日本に欧米のデモクラシー思想が流れ込み、民衆がいつとはなく国外の空気に感染し、階級闘争が激化していく気配であった」と指摘している。『昭和の歴史1　昭和への胎動』小学館、一九八三年。

＊9　埼玉県教育委員会編『埼玉県教育史』第五巻、一九七二年。

＊10　「戦後民力涵養実行細目　原谷村施設」（筆者所蔵）と題が書かれた二二ページにわたるガリ版印刷の冊子で、細かく実践内容が記されている。

＊11　『大宮市史』第四巻、大宮市、一九八二年。

＊12　帝国在郷軍人会本部と支部、分会が連絡を取り組織的活動が始まるのは震災の四日後からであるという。藤井前掲書。

＊13　「大正一二・一三年度　震災関係書類綴片柳村」簿冊番号〇七一六一、番号六一（さいたま市アーカイブズセンター所蔵）。

＊14　山田朗「軍部の成立」『岩波講座日本歴史　第16巻』岩波書店、二〇一四年。

＊15　熊谷、神保原、本庄、寄居での事件の概要については『かくされていた歴史』からまとめた。

＊16　山田昭次編纂『関東大震災朝鮮人虐殺裁判資料1』緑蔭書房、二〇一四年。

＊17　アジア歴史資料センターC14110923100～C14110925400。

＊18　帝国連隊史刊行会編纂『歩兵第六十六連隊史（大正十一年版）』一九二二年。

＊19　『新編埼玉県史』通史編六、埼玉県、一九八九年。

＊20　帝国在郷軍人会熊谷支部『支部報　第一九号』一九一八年一一月一日（埼玉県立熊谷図書館所蔵）。

＊21　『連隊史』の「第四章西伯利出征」に青森出発から沿海州方面での闘いについて記述されている。

＊22　原暉之『シベリア出兵―革命と干渉1917－1922』筑摩書房、一九八九年。

＊23　兎内勇津流《とないゆづる》はこの事件を、日本の戦史は革命軍「武装解除事件」とするが、「沿海州武力衝突事件」と呼んでいる。「シベリア『出兵』を問い直す」『歴史地理教育』八八〇号、二〇一八年六月。

＊24　東京朝日新聞一九二〇年五月六日付。

＊25　姜徳相は琿春事件は間島の「不逞鮮人」討伐のために、日本軍が中国の馬賊を利用して琿春の領事分館を襲撃させた事件であるとしている（姜徳相『現代史資料28　朝鮮4』みすず書房、一九七二年）。東尾和子も、襲撃した馬賊の系統も不明なのに、「不逞鮮人」が加わっていたことを示唆する報道が当初から行われた状況などから、意図的な情勢操作が

あったのではないかと指摘している。そして、一九二〇年一〇月の琿春事件を朝鮮独立運動の激化・間島出兵・シベリア出兵の中に位置付けてみれば、決して偶発的な事件ではないとし、その謀略性を論じている（東尾和子「琿春事件と間島出兵」『朝鮮史研究会論文集第一四集』一九七七年）。

＊26　山田朗編『外交資料近代日本の膨張と侵略』新日本出版社、一九九七年。

＊27「間島出兵史　上」韓国史料研究所『朝鮮統治史料　第2巻　間島出兵』宗高書房、一九七〇年。

＊28　同右。

＊29　前掲『朝鮮統治史料　第2巻　間島出兵』「獐巌洞屠殺一九二〇年一〇月三一日エス、エチ、マーチン」。

＊30　愼蒼宇「日本近代史の『不在』を問う」『歴史学研究』第九八九号、二〇一九年一〇月。

＊31　前掲『朝鮮統治史料　第2巻　間島出兵』「第二八旅団乗船上陸日次予定表」。

＊32　東京朝日新聞一九二三年一一月二七日付、『かくされていた歴史』より。

＊33　山田昭次編纂前掲書。なおこの資料集には被告の氏名は削除され①②③と番号で表示されている。Nについては最も重い実刑判決だったので、判決文から言動等が特定できる。

＊34　東京日日新聞一九二三年一〇月三一日付、『かくされていた歴史』より。

＊35　東京日日新聞一九二三年一〇月二四日付、『かくされていた歴史』より。

第五章　朝鮮人虐殺事件の歴史的背景

第二章で述べたように、内務省警保局長は朝鮮人を取り締まることを指示する電文を全国に送り、埼玉県では内務部長が「不逞鮮人《ふていせんじん》暴動に関する件」なる「移牒《いちょう》」を県下に発するなど、国家が事件を誘発した重大な要因をつくっていたことは間違いない。

ただ、もう少し長い歴史的スパンで事件の背景を捉えなければ、事件の真相に近づくことはできないと思われる。本章ではまず第一に、当時の日本人民衆は朝鮮人をどう見ていたのか、その差別意識について検討したい。第二には、軍隊はなぜ戒厳令を発令し、治安担当者はなぜ「不逞鮮人暴動」といった通牒《つうちょう》を発するという意思決定をしたのだろうか。第三には、「不逞鮮人」という言葉はいつから、どのような意味で使われ、どのように拡散されたのだろうか。そして第四に、「不逞鮮人」という言葉が日本社会に広がっていた時代に、なぜ多くの朝鮮人が日本に来たのか、日本の植民地支配との関係について検討したい。以上、四点に関わって朝鮮人虐殺事件の歴史的背景について見ていきたい。

1　日本人民衆の差別意識

そもそも当時の日本人民衆は、朝鮮人をどう見ていたのだろうか。朝鮮人でなく、日本人だったとしたら、数千人の人間を虐殺するという行動までとっただろうか。そこには長い時間をかけてつくられた朝鮮人への根深い差別意識があったと考えられる。

「神功皇后の三韓征伐」と差別意識

戦前の学校教育で、天照大神、神武天皇、日本武尊とともに歴史の教科書の最初に登場し、歴史の授業では必ず教えられてきたのは神功《じんぐう》皇后であった。一八九四年に発行された文部省検定済教科書『小学日本歴史　前編』のまとめの部分には「神武天皇諸賊ヲ征伐シ給ヒテ初メテ一統ノ基ヲ建テ給ヒ、日本武尊ニ至リテ全国平定シ、神功皇后ニ至リテ三韓マデモ吾ガ国ニ属シタリ」とある。

国民学校の時代に使われた教科書『初等科国史』（一九四三年発行）を見てみよう。神功皇后は、熊襲《くまそ》が反乱を起こすとその背後には新羅《しらぎ》があるとして、多くの将兵と軍船を率いて新羅征討のために朝鮮半島へと出発する。驚いた新羅王はすぐに降伏し、以後貢物を奉ることを約束する。その後熊襲は鎮まり、百済《くだら》と高句麗《こうくり》も日本に従うようになったというのである。いわゆる「神功皇后の三韓征伐」の話だが、朝鮮半島の地図や「皇后の御出発」と題した挿絵も配置され、歴史の事実として叙述されている。これを読んだ子どもたちは、朝鮮は古くから日本に従属する国であり、植民地として日本の一部になるのは当然だと思っただろう。明治以来の学校教育は、日本の歴史をつくった天皇の偉大さと天皇に平伏する朝鮮という歴史像を子どもたちに教え込んでいたのだ。

「神功皇后の三韓征伐」は『古事記』、『日本書紀』に由来する神話の世界の話であり、歴史事実ではなく、何らかの歴史的事象との関連もない。しかし、この三韓征伐の説話は日本人の朝鮮観の形成にとっては基底的な役割を果たしてきた。江戸時代には、近松門左衛門、鶴屋南北らの人気作家によって「神功皇后の三韓征伐」や秀吉の朝鮮侵略を題材にした浄瑠璃・歌舞伎の脚本が創作され、演じられて人気を博した。これらの作品を見た人々は、二度も日本に屈した哀れな朝鮮といった蔑視観を抱いたであろう。[*1] 幕末になると、神功皇后が

「三韓」を「退治」「征伐」する姿が葛飾北斎や広重などの人気絵師によって錦絵に描かれ、視覚的にあたかも「事実」のように人々の脳裏に焼き付けられていった。[*2]

一八世紀終わり頃からロシアの接近など対外的な危機がせまると、大国主義的な自国意識と侵略的な対外構想を持つ経世家が現れる。その一人に佐藤信淵《のぶひろ》がいる。佐藤は『宇内混同秘策』(一八二三年)という書で、世界の根本である我が「皇国」の各地から兵を出し、まずは満州、次に朝鮮、中国、台湾へと「全地球を混同」するという露骨な領土拡張計画を述べていた。[*3] この佐藤に思想的影響を受けたのが、幕末の尊皇攘夷派を育てたとされる長州の吉田松陰である。幕府は欧米に屈して条約を結んだが、その埋め合わせとして「朝鮮を取り満州を拉《くだ》き、支那を圧し印度に臨みて、以て進取の勢を張り(中略)神功の未だ遂げたまわざりし所を遂げ、豊国の未だ果たさざりし所を果たす」(「丙辰幽室文稿」[*4])と、朝鮮・満州・中国・印度を侵略し、神功皇后と秀吉ができなかったことを実現するのだと松陰は述べる。「神功皇后の三韓征伐」がアジア侵略の引き合いに使われているのである。

明治政府成立当初、国交の樹立を求めるもこれを拒否する朝鮮は「無礼」であるとして「征韓」を最初に主張したのは、松陰に学んだ長州の木戸孝允《たかよし》であった。その後、西郷隆盛、板垣退助らによって「征韓論」がとなえられるが、岩倉使節団に参加し帰国した大久保利通

図13　神功皇后の切手

らの主張する「内治優先」論に敗れた西郷らは下野する。しかし、明治政府は一八七五年に軍艦雲揚を朝鮮に派遣し、首都漢城近くの江華島で挑発を行い、砲台の守備兵と交戦し三五人を殺害した（江華島事件）。そして翌年には日朝修好条規の締結を強要して開国させた。まさに「征韓論」を実行したのである。この二年後の一八七八年、政府は最初の一円札紙幣を発行するのだが、その肖像になったのが、架空の女性神功皇后なのである。紙幣の肖像とは言わば国家の顔である。スタートしたばかりの明治国家の顔に「三韓征伐」を成し遂げた神功皇后を選んだのは、国家の意志として朝鮮侵略を表明したことでもあったと考えられる。

その後、神功皇后は切手としても登場する。一九〇八年に五円と十円という高額の切手の肖像に選ばれている（図13）。この前年、政府はハーグ密使事件を機に皇帝高宗を譲位させ、第三次日韓協約を結んで内政権を全面的に掌握、軍隊も解散させた。これに対して、韓国内では義兵による抗日武装闘争が全国化する。一九〇八年は最も激しく義兵闘争が展開された年で、日本軍は村ごと焼き払う殲滅《せんめつ》作戦を展開し、義兵を徹底して「討伐」していた。そして、一九一〇年には大韓帝国を廃滅する（韓国併合）。神功皇后の切手の登場は、国家の意志として義兵に対する徹底「討伐」の表明でもあったと考えられないだろうか。

以上のように、古代の神話「神功皇后の三韓征伐」を媒介にして、朝鮮を蔑視し、政府の「征韓論」や朝鮮侵略、植民地支配を当然とする意識が民衆のなかへ浸透していったのである。

日清戦争と朝鮮人差別

一八九四年に始まる日清戦争の主な戦場は朝鮮半島だった。およそ二四万人の日本人が兵士として朝鮮半島に足を踏み入れ、敵とした相手は清国だったが、戦場において直にそこに生きる朝鮮人の姿を見たのである。この国民的「経験」は日本人の朝鮮人観の形成にとって大きなものであった。

当時すでに一定の「文明化」をとげつつあった日本人は、自分たち近代「文明」の尺度で異民族である朝鮮人を評価し、「遅れた」「野蛮」な生活をしていると見たのである。この優越感覚は、自分たち日本人は「文明人」で、朝鮮の人々は「臭い」「汚い」「貧困」「無知」というような蔑視観へと繋《つな》がっていった。*5

日清戦争の戦闘状況を伝えた雑誌『日清戦争実記』は、一八九四年一〇月九日発行号の「韓人は無邪気なり」という一文で、はじめて朝鮮人について記述しているという。それによれば、朝鮮人は気概も気骨もなく、先のことも考えず、志も持たず、その日暮らし、牛馬のように服従するだけで、人との約束も守らないというのだ。朝鮮人は人間というより、動物並みといった侮蔑的な決めつけである。*6

このような極めて差別に満ちた朝鮮人観が日清戦争中、また戦後に帰還してきた兵士によってさかんに日本国民の中に植え付けられたのである。山田昭次は「日清戦争での日本の勝利は、朝鮮または朝鮮人という言葉を馬鹿とか愚劣の同義語に転化させた」*7と述べている。

韓国併合の翌年、まだ子どもだった教育学者の梅根悟は、朝鮮で次のような光景を目撃していた。大邱《テグ》で石炭商・梅根商店を営む叔父を訪ねて朝鮮へ行った際、迎えに来てくれた叔父の会社の使用人は、人力車に金を払うだんになると、「さも汚らわしいというように、金を道に投げつけた。車夫が『足りない』と抗議すると、罵倒しながら」ひっぱたいたというのである。*8 植民地支配が始まった頃、このように子どもの前で平気で朝鮮人を侮辱し、暴力を振るう日本人が生まれていたのである。

2　戒厳令・「不逞鮮人暴動」通牒発出の背景

警視総監赤池濃の「不逞鮮人」観

九月二日、枢密院の諮詢《しじゅん》を経ず緊急勅令によって戒厳令を布告することを決定したのは、内務大臣・水野錬太郎と警視総監・赤池濃《あつし》だった。水野は前朝鮮総督府政務総監であり、赤池は前朝鮮総督府警務局長で、二人とも三・一独立運動直後に朝鮮に赴任した治安担当者であったことはよく知られている。

赤池は震災後、次のように語っている。「(二日)午後九時頃、其時鮮人二千名二子の渡を通過し又市内にて諸処暴動をなせる報を聞いた、余は其瞬間に一部不逞鮮人は必ず不穏計画や暴挙を行ふだろうか、大部分の鮮人が団結連絡して組織ある暴動をなすが如きは断じて無いと思ふた、仍《よっ》てそれ等の悪徳に対しては飽迄《あくまで》も検挙すべし」と述べ、一部の「不逞鮮人」は必ず「不穏計画や暴挙」を行うと考え、戒厳令を発令したのである。[*9]

また、震災当日の九月一日、たまたま東京に出張に来ていた竹井貞太郎長野県内務部長は「学問をしてきたと思った不逞の徒があの震災日　暴動を起こしたのは以前から秘密裡に大計画をなして帝都の全滅を図らんとして居たもので、それが図らずも今回の地震に其時期が早められたものらしい」[*10]と述べている。竹井の「学問をしてきたと思った不逞の徒」とは、東京の朝鮮人留学生を指しているのだろう。実際に、東京の留学生たちは一九一九年二月八日、東京朝鮮キリスト教会館に四〇〇名が集まり「二・八独立宣言」を発し、朝鮮での三・一独立運動に大きな影響を与えている。竹井は、このような独立運動に関わっていた留学生の動向を把握していたのだろう。治安担当者たちは震災発生直後の段階で、在日朝鮮人が震災の混乱に乗じて何らかの暴動を起こすだろうと直感したのである。

第一四師団参謀長井染禄朗の「不逞鮮人」観

一方、日本軍上層部はどうだろうか。井染禄朗という高級軍人は、一九一九年から一九二〇年にかけてウラジオストク特務機関長をしていた人物で、関東大震災時は第一四師団（宇都宮）の参謀長で関東戒厳司令部に所属していた。[*11]彼は「軍内部でも思想専門の強硬派」で在郷軍人会熊谷支部を管轄していた。[*12]

井染は、第四章で紹介した歩兵第六六連隊がシベリア戦争に従軍していた時とほぼ重なる時期にウラジオストク特務機関長の任務に就き、一九二二年八月からは第一四師団参謀長をしていることから、歩兵第六六連隊に所属していた熊谷の在郷軍人たちに思想的な影響を与えていた可能性の高い人物である。

この井染が震災直後の早い段階で、下野新聞（一九二三年九月七日付）に談話を寄せ、その内容が「今回の不逞鮮人の行動　社会主義者とロシア過激派の三角関係を根幹に行はる怪しと睨んだ裏面の事実」との見出しで報道されている。姜徳相も注目する談話だが、内容を紹介しよう。

今回の不逞鮮人の不逞行為の裏には社会主義者やロシアの過激派が大なる関係を有する様である。社会主義者の計画は支那人並びに鮮人を煽動《せんどう》して不逞の挙動並《ならび》に不徳なる行動を為さしめ、治安を紊《みだ》し官憲が大災厄に遭遇してこに《ママ》奔命して居るを幸ひとして官憲の無力を宣伝し、盛んに不穏当なる流言蜚語《ひご》を放ち各種奇怪極まる浮説を宣伝せしめ、官憲の不信を流説し官憲と民人との間に対抗的勢力をつくらんことを策する一方、鮮人を煽動して不逞行為を為さしめ内乱暴動を全国に波及せしめ、以て一挙に彼等の希望する極端なる民主政治を実現せんとたくらんだのである（中略）神戸附近にロシア過激派の購買組合があるが、彼等がこ、を本拠として上海との連絡をとっている事実があり（中略）要するに今回不逞行為はこの三者の三角関係を根幹として行はれたもので、こ《ママ》は疑ひなき所である。

関東大震災時の「不逞鮮人の不逞行為」の背後には日本人社会主義者とロシア「過激派」があり、彼等は「不逞鮮人」を煽動して全国的な内乱を起こし「極端なる民主政治」（革命政権の意と思われる）を実現しようとしているというのだ。

関東大震災の三年前の一九二〇年に入って、ロシア革命派の沿海州への勢力拡大によって、この地の朝鮮人の独立運動は勢いを強めていた。この四月、この両者が結びつくことを抑え込み、朝鮮人の独立運動を一掃するために日本軍のとった軍事行動が、第四章で述べた沿海州武力衝突事件だった。ウラジオストクで「不逞鮮人」とロシア「過激派」が結び付いているのを現認し、実際に戦闘行動を指揮したのが現地の特務機関長だった井染であった。

ロシア「過激派」や日本人社会主義者と「不逞鮮人」を結び付けて見るというのは当時の治安担当者や軍部に共通する「不逞鮮人」観であり、こうした「不逞鮮人」観を自らの従軍経験から流布させていたのが井染だったと思われる。

一九二三年九月二日付で埼玉県の香坂昌康内務部長が発した「移牒」でも（第二章参照）、

「過激思想を有する徒らに和し、以って彼等の目的を達せん」との文言があり、「不逞鮮人」は「過激思想を有する徒」つまり社会主義者と共に「彼らの目的」である独立ないし革命を実現しようとしていると見ていた。

だから日本軍は、関東大震災の時に亀戸警察に検束、勾留《こうりゅう》されていた平沢計七、川合義虎ら日本人社会主義者を虐殺したのである。[*13]

3 「不逞鮮人」観の地域への浸透

以上のような治安担当者や日本軍による「不逞鮮人」イメージが、どのようなかたちで地域に浸透していったのかを、新聞報道と在郷軍人の戦場体験から検討したい。

三・一独立運動と「不逞鮮人」

当時の新聞が描いた「不逞鮮人」とは、独立闘争をたたかう朝鮮人を凶暴なテロリストとして表象する言葉としてつくられたものである。*14 韓国併合後、武断政治の下で苦しめられていた朝鮮民衆は、一九一九年三月一日、日本の植民地支配に抗して立ち上がり、独立万歳を叫びながらデモ行進を朝鮮全土で展開した。この運動は四月下旬ころまで続き、参加者は二〇〇万人といわれている。太極旗を押し立て万歳を高唱しながら、平和的に行進する非暴力の運動だった。これを三・一独立運動とよんでいる。この運動に対して、政府は日本軍の歩兵六個大隊を派遣し、徹底して弾圧した。犠牲者は七五〇九人、捕らえられた人は四万六三〇六人にのぼったといわれる(朴殷植『朝鮮独立運動の血史』)。一九一九年四月一五日、京畿道の堤岩里《チェアムリ》では、日本の憲兵隊が村の一五歳以上の男子二一人をキリスト教会に閉じこめ、火を放ち、銃撃を浴びせ、女性二人を含め二三人を殺害するという残虐な事件も起こしている(堤岩里事件)。このように、三・一独立運動は日本による植民地支配に抗して朝鮮民衆が立ち上がり、闘った大衆的な民族独立運動であった。

京都大学付属図書館による「戦前日本在住朝鮮人関係新聞記事検索」で「不逞鮮人」を検索すると、「不逞鮮人」という言葉が国内の新聞の見出しに最初に登場するのは、一九一九年四月二五日付の大阪毎日新聞で、「不逞鮮人の潜入/元京大学生安、林二名、内地の鮮人労働者を扇動す/大阪府に潜伏せる形跡あり」との見出しである。その後の「不逞鮮人」記事件数は、一九一九年は三件、一九二〇年は四八件、一九二一年は二七件、一九二二年は二〇件となっている。*15

一九一九年の三・一独立運動以後、新聞はさかんに「不逞鮮人」という言葉を使うようになり、その記事は「爆弾を投ぜんとした不逞鮮人」とか「不逞鮮人の陰謀暴露す」「不穏文書配附の犯人は不逞鮮人か」などと煽情的な見出しが多く、「不逞鮮人」を「爆弾」「陰謀」などの言葉と結びつけて報道している。*16

このような報道は、震災直後の新聞にも溢《あふ》れていた。図14は一九二三年九月五日の「いはらき」だが、見出しを見ると「不逞鮮人団の目標　腕に赤布は爆弾組　黄色の布は毒薬組」「言語に絶せる鮮人残虐の跡」「思はず慄然とする　暴動鮮人暗号」など残虐行為を働き、暗号も操るテロリスト集団というイメージで描かれている。

琿春事件と「不逞鮮人」

第四章で触れた日本軍の間島《かんとう》出兵の口実となった謀略事件、琿春《フンチユン》事件（一九二〇年一〇月二日）についての東京日日新聞を例に「不逞鮮人」報道を見てみたい。

まず、一〇月三日の事件第一報は「馬賊爆弾を投じ　琿春領事館焼く」という見出しで

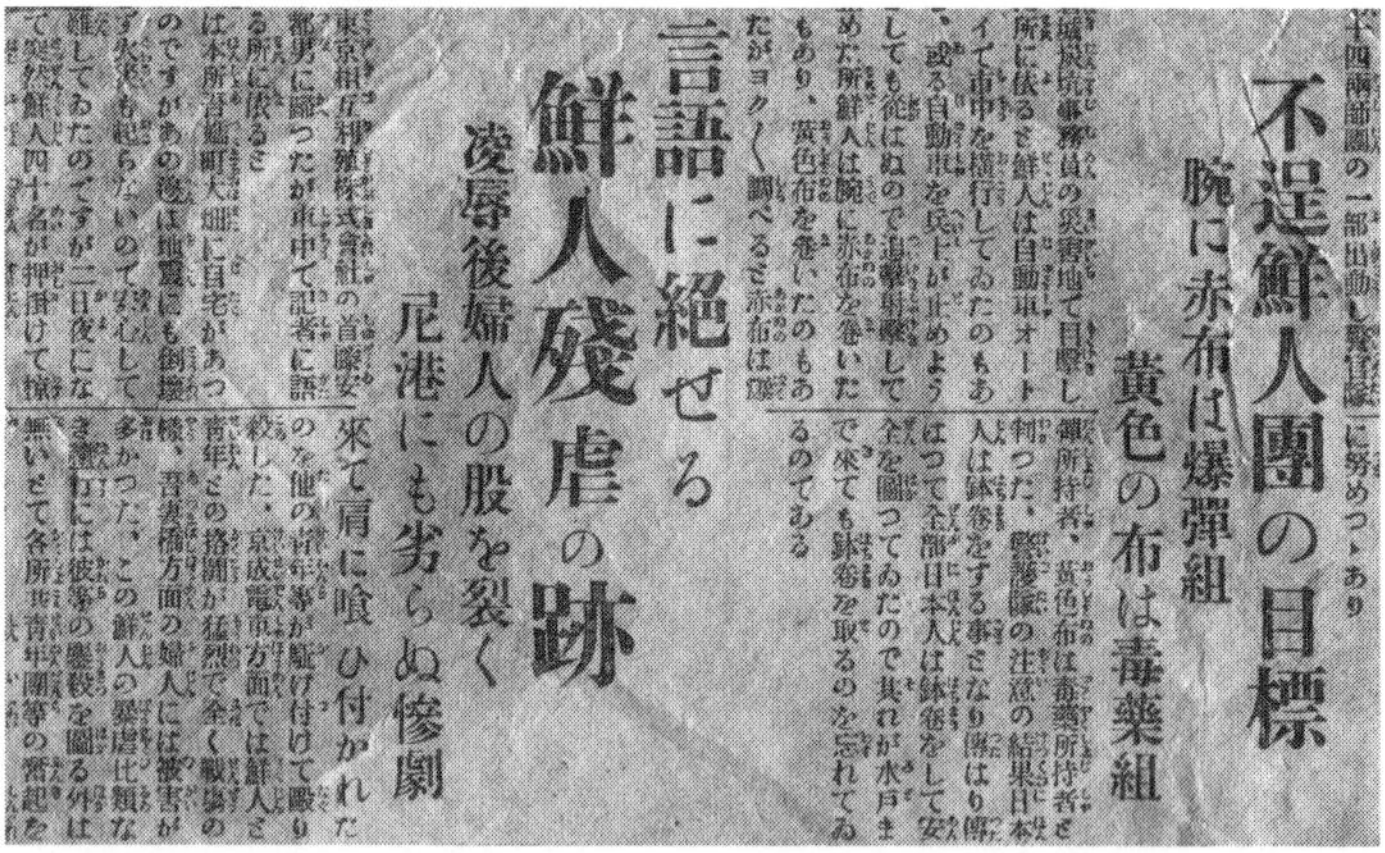

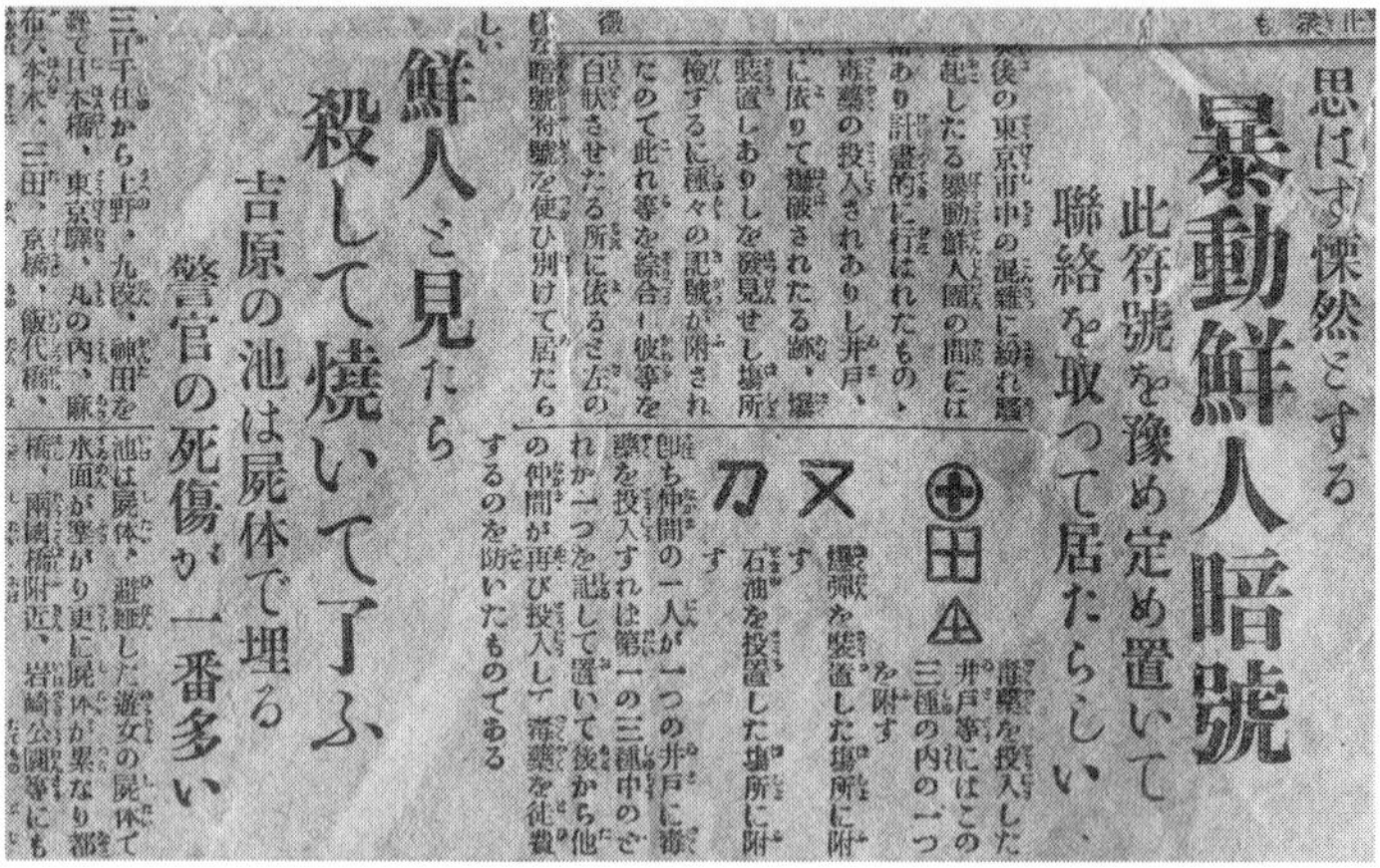

図 14　「いはらき」1923 年 9 月 5 日付。「不逞鮮人」「暴動鮮人暗号」などの見出しがついている

「特に日本人襲撃を目的とせる所を見れば不逞鮮人も之に加はり居れるもの、如し」と「日本人襲撃」を目的としているので「不逞鮮人」も加わっているだろうと推測した表現で報じている。

その後、一〇月五日には「不逞鮮人在り　琿春領事館襲撃の馬賊団に」「毒手に斃《たお》れし邦人九名判明す　安田警察署長も殺さる　馬賊の死四、不逞鮮人一」と「不逞鮮人」が襲撃に加わっていたことが事実であると報じられる。さらに、一〇月一一日には現地を視察してきた前田朝鮮憲兵司令官の報告が報道されるが、そこでは「今回のものは我が領事館内を始め他にも火を放ち爆弾を投じ且領事館より足を一歩外にある邦人は悉《ことごと》く虐殺された」のだから「彼等の中に不逞鮮人が混入してゐる事も亦確実」であり、その上「馬賊や不逞鮮人が赤化された」から警戒しなければならないとしている。共産主義思想の影響下にある「不逞鮮人」が馬賊に加わっていたから単なる略奪行為だけでなく、日本人に対するはげしい残虐行為に及んだと報道しているのである。

そして極めつけは、一〇月一二日の以下のようなセンセーショナルな残虐行為の報道である。

　本社通信員は琿春に入れり　同胞惨殺酸鼻の極　◇尼港《ニコラエフスク》事件に劣らぬ兇暴《きょうぼう》さよ

過激派露国将校五名　不逞鮮人　支那工兵（中略）邦人と見れば直に惨殺し弾丸に当りて倒れし者には突創無数にして又手足耳の取去られし死体あり、幼児の頭蓋骨を割られたるものあり、婦人の弾丸に倒れし上更に縊《くび》り殺されたるあり、（中略）六歳の小児の父母は賊に殺され自身も亦《また》左足を弾丸に撃れ

「過激派露国」つまり革命ロシアと結びついた「不逞鮮人」によって日本人に対する残虐行為が行われ、それは日本人と見れば、子どもも女性も手当たりしだい虐殺に及ぶというテロ行為であったというのだ。この記事は、事件発生から一〇日後の通信員の現地報告であるが、事件に関わる伝聞を脚色して報道している可能性も否定できない。

以上、当初は馬賊が起こした事件に「不逞鮮人」が加わっているらしいとの「推定」だったものが、次は「事実」、さらに「確実」となり、しかも「赤化」したため日本人への残虐行為に及んだとされ、最後にはロシアの「過激派」と「不逞鮮人」が主犯のように書かれていった。このような意図的とも思われる記事によって、「不逞鮮人」に対する「恐怖心」は増幅されていったのである。*17

「不逞鮮人」は日本人と見れば見境なく殺害する凶悪なテロリストだとする新聞報道によって、「不逞鮮人」に対する過度な「恐怖心」が民衆に刷り込まれていったのである。琿春

事件とその報道は、三年後の関東大震災時、自警団員を朝鮮人や社会主義者への迫害、虐殺に駆り立てる作用をはたしたともいわれている。*18

在郷軍人が語っていた「不逞鮮人」

『かくされていた歴史』に収められている証言の中から、在郷軍人と朝鮮人との関係を語っている部分を見てみよう。一つは神保原での事件を目撃した当時旧制中学二年の橋本實（事件当時一五歳か）の証言である。

その頃、ここらには旅順や青島の独立守備隊や朝鮮の師団から帰って来た人達がいて、その人達の話では、在営当時向こうで不逞の朝鮮人を捉え拷問にかけ締め上げたところ、連中が口をそろえて同じように「今に見ていろ、帝都を灰にしてやるから」と云っていたということでした。不逞の朝鮮人というものの、立場をかえれば独立運動の闘士だったとは思うのですが、たまたまそれが地震と一致したわけでした。（中略）「これを機会に朝鮮人達が小舟にのって日本海を押し渡ってきて、帝都に火をつけた」という話の方が、一般の人達には真実としてうけとめられていました。

もう一つは、本庄での事件を目撃した在郷軍人で青年団支部長でもあった丸橋清（当時二四歳）の証言である。丸橋は「平安北道」の守備隊に所属していたとしているので、第一九師団の下の連隊に属していたと思われる。

大正八年、朝鮮独立運動が起りました。私はその翌年の大正九年の十二月から、大正十一年の十二月までの二年間、朝鮮平安北道江界郡文五面文興洞満浦鎮守備隊に属していました。私らの連隊は、平壌に行き国境（鴨緑江）の警備をしていました。（中略）私は二年間朝鮮で生活していたので、或る程度朝鮮人の人情気持はわかっていました。そこで私はこの事件の時二つのことを考えました。㈠不逞鮮人といわれた朝鮮独立運動家の残りが日本にやってきたのではないか、彼等の仲間で捕えられた者達は「東京を焼いてやる」と言っていた。多数になるとそのような動きをすることも考えられる。㈡普段の生活からわかっていたが少数の人間ではそんなことは出来ない。

両証言に共通するのは、朝鮮から神保原や本庄に帰還してきた兵士によって「不逞鮮人」は帝都を攻撃し破壊するといった陰謀を企んでいるとの流言が震災以前から地域に広げられていた可能性を示唆している。このような流言はシベリア戦争に従軍した歩兵第六六連隊や朝鮮の第一九師団の下の部隊で独立運動を弾圧した元兵士たちが関係していると考えられる。独立運動に関わる「不逞鮮人」を敵と見て危険視し、「討伐」の対象と見ていたのは日本軍であり、当時の日本軍の「不逞鮮人」観が在郷軍人の言葉によって生々しく、説得性を持って地域の民衆に浸透していたのである。

以上、新聞報道と地域の在郷軍人によって、日本人なら誰彼かまわず殺害し、首都東京を焼き払うと豪語する凶暴なテロリストという「不逞鮮人」イメージが地域に浸透し、民衆の「恐怖心」がつくられていたのである。

4　日本に渡航した朝鮮の人々

一九一〇年、日本は韓国併合条約を大韓帝国に締結させ、朝鮮半島を植民地にした。日本の植民地としての財政基礎をつくるために、一九一八年までの間実施したのが土地調査事業である。農民にとっては、耕地面積を厳密に測量されて地税は増徴され、また国有地・民有地の所有権が明確化され、それまで農民に認められていた中間的な土地に対する権利は奪われた。その結果、国有地となった耕地は一二万町歩、全耕地の二・八パーセントとなり、地

表3　在日朝鮮人の人口

1910年	2,246人
1911年	2,527人
1912年	3,171人
1913年	3,635人
1914年	3,542人
1915年	3,992人
1916年	5,637人
1917年	14,501人
1918年	22,262人
1919年	28,273人
1920年	30,149人
1921年	37,271人
1922年	59,744人
1923年	80,015人
1924年	118,192人

出所：趙景達編『植民地朝鮮』（東京堂出版、2011年）

主三・四パーセント、自作農一九・七パーセント、自作小作農三九・三パーセント、小作農三七・六パーセントとなった（一九一八年末）。なかでも、日本人の土地所有は二三万六五八六町歩となり、植民地支配の始まった一九一〇年の三・四倍にもなった（一九一八年末）。最大の日本人地主、東洋拓殖会社は七万八五二〇町歩の巨大地主となった。[19]

土地調査事業の中で、多くの農民は耕作地を奪われて小作農へと転落し、仕事を求めて都市へ流れ出て「土幕民」（バラックに居住する都市の貧民）になったり、火田民（山で焼き畑をする人）になったりする者もいた。さらに、多少の資金のある者は、満州・沿海州へ移住したり、日本へ渡航したりしたのである。

表3の一九一七年から一九年頃の在日朝鮮人の増加は、第一次世界大戦による日本の好景気により、労働力需要が増大したことが背景として考えられる。さらに、一九二三年に八万

人台へと急増しているのは、一九二二年末に朝鮮総督府が居住地所轄警察署に旅行目的等の届け出を義務付けた「旅行証明制度」を廃止したことが影響しているとされている。[20]

一九二〇年には戦後恐慌によって日本経済は不況期に入る。しかし、二一年、二二年、二三年と在日朝鮮人人口はかなり増加している。この背景は、朝鮮人労働者が日本人よりも低賃金で使えるため、企業が未熟練労働者を日本人から朝鮮人に替えて不況を乗り切ろうとしたからであった。このことにより、底辺の日本人未熟練労働者と朝鮮人労働者が労働市場において競争相手となり、結果的に朝鮮人への反感を高めることになったのである。[21]

関東大震災当時、日本人民衆は朝鮮人を公然と侮辱し、差別し、見下していた。一方で、三・一独立運動以後には「不逞鮮人」と呼ばれたテロリストへの「恐怖心」も浸透していた。一九二〇年代初頭、このような日本社会に急速に大量の朝鮮人が仕事を求めてやってきたのであった。そこへ首都東京を襲った関東大震災が起こったのである。

注

＊1　須田努「江戸時代　民衆の朝鮮・朝鮮人観」『思想』二〇一〇年一月。

＊2　姜徳相編著『錦絵の中の朝鮮と中国』岩波書店、二〇〇七年。
＊3　吉岡吉典『「韓国併合」100年と日本』新日本出版社、二〇〇九年。
＊4　山口県教育会編『吉田松陰全集』第四巻、岩波書店、一九三八年。
＊5　大濱徹也『庶民のみた日清・日露戦争』刀水書房、二〇〇三年。
＊6　西川宏『ラッパ手の最後』青木書店、一九八四年。
＊7　山田昭次「植民地」『岩波講座日本通史』18、岩波書店、一九九四年。
＊8　高崎宗司『植民地朝鮮の日本人』岩波書店、二〇〇二年。
＊9　「大震災当時に於ける所感」赤池濃『自警』一九二三年一一月、『かくされていた歴史』より。
＊10　名古屋新聞・信州附録、一九二三年九月七日付。
＊11　姜徳相「一国史を超えて」『大原社会問題研究所雑誌』六六八号、二〇一四年六月。
＊12　藤井忠俊編集『季刊現代史第九号　特集日本軍国主義の組織的基盤　在郷軍人会と青年団』現代史の会、一九七八年。
＊13　関東大震災直後の九月四日から五日未明にかけて、亀戸警察署に不当に勾留されていた平沢、川合ら革命的労働運動家一〇名が、近衛師団騎兵第一三連隊によって惨殺された。当時、日本共産青年同盟の初代委員長だった川合は、「朝鮮植民地の絶対解放」「民族差別撤廃」を主張していた（加藤文三『亀戸事件』大月書店、一九九一年）。

＊14　アンドレ・ヘイグ「中西伊之助と大正期日本の『不逞鮮人』へのまなざし」『立命館言語文化研究』第二二巻第三号、二〇一一年。

＊15　http://www.zinbun.kyoto-u.ac.jp/~mizna/cgibin/shinbun/shinbuns.cgi?midashi　二〇一六年一月六日閲覧

＊16　山田昭次は「日本の新聞は朝鮮人の独立運動を報ずる場合、たいていこれに陰謀とか、暗殺、放火、強盗といった「レッテル」を貼った」と述べている。山田昭次『関東大震災時の朝鮮人虐殺とその後』創史社、二〇一一年。

＊17　東京日日新聞一九二〇年一〇月三日付、同一〇月五日付、同一〇月一一日付、同一〇月一二日付。

＊18　今井清一「『不逞鮮人・馬賊・露過激派の来襲』とは何だったのか―琿春事件と間島事件」『日本近代史の虚像と実像　2』大月書店、一九九〇年。

＊19　趙景達《チョキョンダル》『植民地朝鮮と日本』岩波書店、二〇一三年。

＊20　鄭栄桓《チョンヨンファン》「在日朝鮮人の形成と『関東大虐殺』」趙景達編『植民地朝鮮―その現実と解放への道―』東京堂出版、二〇一一年。

＊21　山田昭次『関東大震災時の朝鮮人虐殺―その国家責任と民衆責任』創史社、二〇〇三年。

第六章　加害責任の自覚と戦後社会

日朝協会埼玉県連合会は、常泉寺と高橋隆亮に協力をいただき、二〇〇七年から染谷での事件の犠牲者の命日である九月四日に「朝鮮人犠牲者追悼会」を毎年開催し、筆者も当初から関わってきた。

二〇一六年九月にはNHKの番組「関東大震災と朝鮮人　悲劇はなぜ起きたのか」で、染谷の事件と姜大興《カンデフン》の墓を守ってきた高橋隆亮の取り組みが放映され、また追悼会が地元マスコミでも何回か紹介され、毎年六〇人前後の参加者を迎え追悼会は定着してきたが、染谷の地元の方の参加は今でも少ない。

二〇一四年に追悼会に参加した当時九〇歳になる染谷の元婦人会役員の方は、事件当時義理の父が合図の猟銃を撃ったこと、また染谷では事件のことは誰もが口をつぐんで話してこなかったこと、事件の内容は伝えられなかったがお盆とお彼岸には婦人会で墓に線香をあげるように言われてきたこと、などを小さな声で筆者に語ってくれた。事件現場の染谷の人々の中では、これまでこの事件の記憶が継承されてきたとは言えないようである。

『かくされていた歴史』に収録されている証言の中に、朝鮮人虐殺の加害者として検挙された人物の証言が少なくとも五件確認できる。震災から五〇年の一九七三年、戦後二八年を経た当時、加害者たちが事件と自身の責任をどう見ていたのかを見ることのできる貴重な証言である。

四章でも証言を紹介した寄居事件のNは懲役三年の実刑判決を受けたことを告白しているが、「今、裁判があれば、皆、引っくり返してみせることも出来るが、なにしろ誰がどうしたとは云えないし、どうせ誰かが出て犠牲にならなければ済まないというので、わしら三人がその犠牲を背負いこんだようなものです」と裁判自体が不当であったかのように述べ、反省の様子はない。一方で、「日本に飴売りにきて、金をこさえては、国の親にでも送っていたんだろうに、（中略）考えてみれば、可哀そうなことだと思います」と、犠牲者を悼む言葉も口にしている。

本庄の事件で「懲役一年、執行猶予二年でした」と告白しているSは、「昭和天皇の結婚で恩赦があり、刑はいずれも免除」になったと述べ、「若いから法律も何も知らないので、検事にすっかりだまされてしまいました」と検事の取り調べを批判し、反省した様子は見られない。

事件から五〇年が経過していたが、被告たちは多少犠牲者を悼む気持ちは持ちつつも、依然として朝鮮人を虐殺した加害者としての行為に責任を感じている様子はなかったように読める。なぜ、事件現場の地域では事件が語られることはなく、加害者たちが責任を感じることのないまま五〇年が過ぎたのだろうか。地域の人々にとっては思い出したくない事件であり、恩赦も出され、事件は遠い昔に「終わった」ことかもしれない。しかし、何の落ち度もない数多くの朝鮮人を日本人が殺害したことは紛れもない事実である。

関東大震災時の朝鮮人虐殺事件について、地域の民衆が加害者としての意識を持って事件に向き合うようになったのは、いつ頃からで、なぜそうなったのだろうか。本章の課題は、関東大震災時の朝鮮人虐殺事件の調査・追悼について、戦後の日本人はどのような運動をしてきたのか、また教育の課題として教員はどのような実践をしてきたのか、その中で日本人民衆の加害責任がどのように自覚化されていったのかを埼玉の事例を中心に分析することである。

1　敗戦から一九六三年の四〇周年調査

庄子銀助の調査・追悼

『かくされていた歴史』に収められた神保原の庄子銀助の証言の中に、敗戦直後に神保原の朝鮮人虐殺事件を調査したという話が出ている。戦後の一九四六年に金という在日朝鮮人と清原という人物で、神保原事件の調査を始め、その動機については「私達は戦争前から労働運動をやっていまして、そういう立場での調査ですが、この事件を明らかにして日本の自治体やなにかに、その責任を持たせて改めて供養などをさせるようにしようじゃないかという運動として起した」と述べている。

庄子の調査がどの程度のものであったかは不明だが、聞き取りによって、神保原事件の朝鮮人犠牲者数は四二人であったことがわかったとしている。また、庄子と金と清原は戦前からの活動家仲間だったようである。これは埼玉における、戦後の日本人と在日朝鮮人による最初の調査活動であったと考えられる。

ここで少し詳しく庄子銀助という人物について紹介したい。庄子は、一九〇二年宮城県柴田郡村田町に貧農の五男として生まれている。小学校卒業後、前借金五〇円で埼玉の行田の足袋工場に三年間の年季奉公に出され、一六歳になって仙台の郵便局の集配人として働いた。ここで先輩のさそいで将来労働組合に発展させる目的で「親郵会」を組織したために解雇されたことが労働運動に入る出発点だったという。その後、神奈川の富士紡保土ヶ谷工場に製綿工として勤めたが、一九二三年関東大震災によって工場が倒壊したため、本庄工場に異動した。

一九二七年に日本紡織労働組合本庄支部を結成して支部長になり、富士紡本庄工場の女工を組織して争議を闘ったが、警察に検束され、会社からは解雇される。庄子が工場内に組織をつくろうとした理由は「保土ヶ谷工場にはなかった深夜業で心身を消耗させている青い顔の一二、一三才の幼い女工たちの姿」だったと証言している。庄子の弱者に対する目線と正義感を垣間見ることができるだろう。この争議は敗北したとはいえ、埼玉県における本格的な労働運動の到来を告げるものであった。[*1] 以後、庄子は六四回も検挙、投獄されている。

一九三一年には全農（全国農民組合）の活動家として、寄居の小作争議を支援し寄居警察署襲撃に関与して検束され、翌年には吉見村での小作争議を闘い検束されている。一九三三年に社会大衆党の推薦で本庄町議会議員選挙に立候補したとたんに逮捕されるが、なんと当選している。一九三四年秋には非合法の「赤旗」を所持していたために治安維持法によって検挙され、二年間前橋刑務所に投獄されている。*2

戦前からの労働運動・農民運動の活動家の庄子は、敗戦後の一九四五年一二月に日本共産党に入党している。当時勤めていた埼玉県庁の職員組合の結成に尽力したが、一九四九年レッドパージに遭って解雇され、納豆売りをしながら共産党の候補者活動をしていった。そして、ようやく一九六六年から日本共産党の上里村（一九七一年から町）の議員を二期つとめている。庄子の当選は「自民党の固い地盤といわれた県北の農村地帯で共産党がはじめてえた議席」であったという。*3 議員を引退した後も農業委員になるなど活動を続け、八七歳の時点で農村労働組合埼玉県連委員長の職についていた。一九九一年に八九歳で亡くなっている。

「軍閥官憲」による弾圧史観

敗戦後、最初に関東大震災での虐殺犠牲者に対する大規模な追悼行事が行われたのは一九四六年九月一日だった。名称は「関東大震災虐殺犠牲者追悼大会」、主催者は日本共産党、朝連（在日本朝鮮人連盟）、勤労者生活擁護協会（後の国民救援会）などで、宮城前広場と神田共立講堂で開催され、約五〇〇〇人が参加している。[*4]

追悼大会を前にして、日本共産党は一九四六年八月三〇日付アカハタに次のような記事を掲載していた。

忘れるな白色テロの記念日九月一日

大震災の混乱に乗じて、進歩的労働者、社会主義者、中国人、朝鮮人に加へられた白色テロルは、言語に絶し、カワイ・ヨシトラ、ヒラサハ・ケイシチ、などのナンカツ労働組合の進歩的労働者をはじめ、無政府主義者オースギ・サカエその他朝鮮人六千名、中国人数百名が軍閥官憲およびそれらに使サウ《ママ》された暴民のために惨殺されたのである。[*5]

敗戦直後の日本共産党は、関東大震災時の虐殺事件について、「進歩的労働者」「社会主義者」「その他朝鮮人六千名、中国人数百名」に対する「軍閥官憲」による「白色テロ」であるというのが事件の核心だとしていたのである。

庄子銀助も神保原の朝鮮人虐殺事件を「軍閥官憲」による「白色テロ」、権力による弾圧と捉え、こうした観点から調査を行ったと思われる。後述する一九六三年に実施された日朝協会による本庄調査の庄子宅での座談会の中で庄子は、朝鮮人虐殺事件は警視庁が「デマをつくりだして弾圧していった」との他の出席者の発言を受けて、「同感ですね」と応じ「〝井戸に毒薬を投げ込んで歩く〟とか〝火をつけて歩く〟とかいうのが、わずかの時間でパーッと広がったんですね。私もそのときは『まったくふとどきな奴だ』と思ったんですが、あとで聞いてみるとそれが、参謀本部からのデマだってことが判ったんです*6」と述べている。庄子は、朝鮮人虐殺事件は警視庁や参謀本部がしかけた弾圧事件だととらえていたのである。

敗戦直後の庄子の調査から六年後の一九五二年、埼玉県内では戦後最も早く神保原の安盛寺の境内に「関東震災朝鮮人犠牲者慰霊碑」が建立されている。建碑の賛助者として埼玉県、埼玉県議会、児玉郡町村長などの外に日朝有志、発起者として神保原村、賀美村と埼玉県朝鮮人と刻まれている。碑文の中でも「このたび理解ある日朝両国人有志によって慰霊碑を建設することとなった」とあり、庄子銀助と在日朝鮮人の働きかけによって慰霊碑が建立されたのではないかと思われる*7。一九五二年四月二〇日、この碑の建立と合わせて追悼行事が行われている。

埼玉の上里村において、敗戦直後の調査・追悼は、戦前以来の労働運動・農民運動活動家と在日朝鮮人の活動家によって行われていた。彼らは、朝鮮人虐殺事件は「軍閥官憲」による弾圧であったとし、この調査・追悼の運動は、戦前の帝国日本の植民地支配責任の追及に繋《つな》がっていく可能性のあるものだったと見ることができる。しかし、鄭栄桓が指摘するように、ここには日本人民衆による朝鮮人虐殺という視点は明らかに後景に退き、民衆の加害責任に向き合い、排外的な朝鮮観を正していく課題は先送りされることになったのである。[*8]

日朝協会による四〇周年調査・追悼の弱点

一九六三年九月一日、日比谷公会堂で日朝協会が主催して開催した四〇周年慰霊祭に一一〇〇人もの参加者が集まった。この盛会の背景は、この時以前からすでに九月一日に各地域で追悼の行事が行われていたからであった。

埼玉では前述の神保原での慰霊碑の建立に続き、一九五七年から熊谷市の熊谷寺で、日朝協会埼玉県連合会が結成される以前の熊谷日朝親善協会によって「関東大震災朝鮮人犠牲者慰霊祭」が行われている。本庄では一九五九年に長峰墓地に「関東震災朝鮮人犠牲者慰霊碑」が建立され、碑の表の文字は日朝協会会長の山本熊一が書いている。

東京では、江戸川、台東、文京、世田谷でも慰霊祭が行われていたし、[*9] 群馬では一九六一年から藤岡市で「関東大震災殉難朝鮮人群馬県慰霊祭」が行われていた。

日朝協会が埼玉県内で起きた事件の調査を初めて行ったのは、震災四〇周年を前にした一九六三年五月のことだった。日朝協会「朝鮮人犠牲者調査慰霊特別委員会」は五月一二日に本庄、一九日に船橋で現地調査を実施している。本庄市での調査には日朝協会埼玉県連合会を中心に国民救援会埼玉県本部、日朝協会高崎支部、日本朝鮮研究所、日朝協会県庁支部、同埼大班、同農林支部、東京都部落問題研究会などから一七名が参加している。[*10] 本庄では、当時荻原製糸工場の繭倉庫にかくまわれて虐殺をまぬかれた南延洌（七七歳）の体験談を聞き、神保原事件があった上里村では庄子銀助の自宅で座談会をひらいている。

またこの年八月、日朝協会埼玉県連合会は、当時の新聞、『埼玉県北足立郡大正震災誌』、「埼玉県通常県会議事速記録」から関係資料を収集した『埼玉県内における関東大震災朝鮮人虐殺事件資料』と題した四七ページの小冊子を発行している。事務局長の塚本雅彦の「あとがき」によれば、五月の現地調査に合わせて作成する考えであったようだ。これはその後の五〇周年調査の結果をまとめた『かくされていた歴史』につながるものであった。

日朝協会埼玉県連は、関東大震災四〇周年の事業として行った本庄での現地調査、資料集の発行について「この慰霊活動は、日本が『日韓条約』によって再び侵略の道を歩もうとしており、在日朝鮮人抑圧をすすめようとしている時、かつての朝鮮に対する植民地支配時代の実態を明らかにし、日朝友好連帯のよりどころとして、重要な意義をもつものです[*11]」と総括している。

また、一九六三年三月に埼玉県連の事務局長から本部事務局に転出した加藤卓造は、現地調査のまとめとして、まず関東大震災は決して四〇年前のことではなく「『日韓会談』粉砕、ポラリス寄港反対、F105D水爆戦闘機撤去の闘い」と関わっていることをとらえることが重要であるとし、その次に「日本人の〝反省〟」「朝鮮人に対する偏見、蔑視、反感がどこから生まれたのか」をつきとめ、自分の問題としてとらえるにはどうしたらよいかをつかむことだとしていた。[*12]

一九六三年の震災四〇周年に取り組まれた関東大震災時の朝鮮人虐殺事件の本庄での現地調査と資料集の発行は、当時日朝協会にとって中心的な課題であった日韓条約反対運動をすすめるにあたっての、日朝友好のための取り組みと位置付けていたのである。

埼玉の朝鮮人虐殺事件は、県の「移牒《いちょう》」に見られるように、国家権力による犯罪という面が強いが、直接的には自警団に組織された日本人民衆が虐殺の実行者であったのであり、一九六三年の震災四〇周年の事業は事件の加害者としての反省、責任の自覚という視点を位置付けるという点では弱かったといわざるをえない。

そのことは、特別委員会が現地調査の結果をまとめた『朝鮮人犠牲者問題　本庄・船橋調査報告』（図15）からも読み取ることができる。冊子の最後の「誰が計画し何のために」と題したところには次のような記述がある。

> 両市とも、当時日本刀や竹槍をふるって、直接朝鮮人に手を加えた人たちが生存しているが、この人たちは震災という天災を利用した当時の陸海軍や警察権力によって、組織的、計画的に日本刀を振りまわさなければならない状況を設定され、虐殺の〝執行者〟にされたあげく、事件後の処理にあたっては加害者として、そのうちの何人かは裁判されている。かつて「お前たちは〝一銭五厘〟で何人でも集めることができる」と言われ戦場にかり出されて罪のない中国人を殺傷することを命じられた体験の持ち主が、まだ私たちのなかに大勢いるが、震災のさいの警防団や在郷軍人会の人たちは、全く同じ状況に立たされたわけだ。

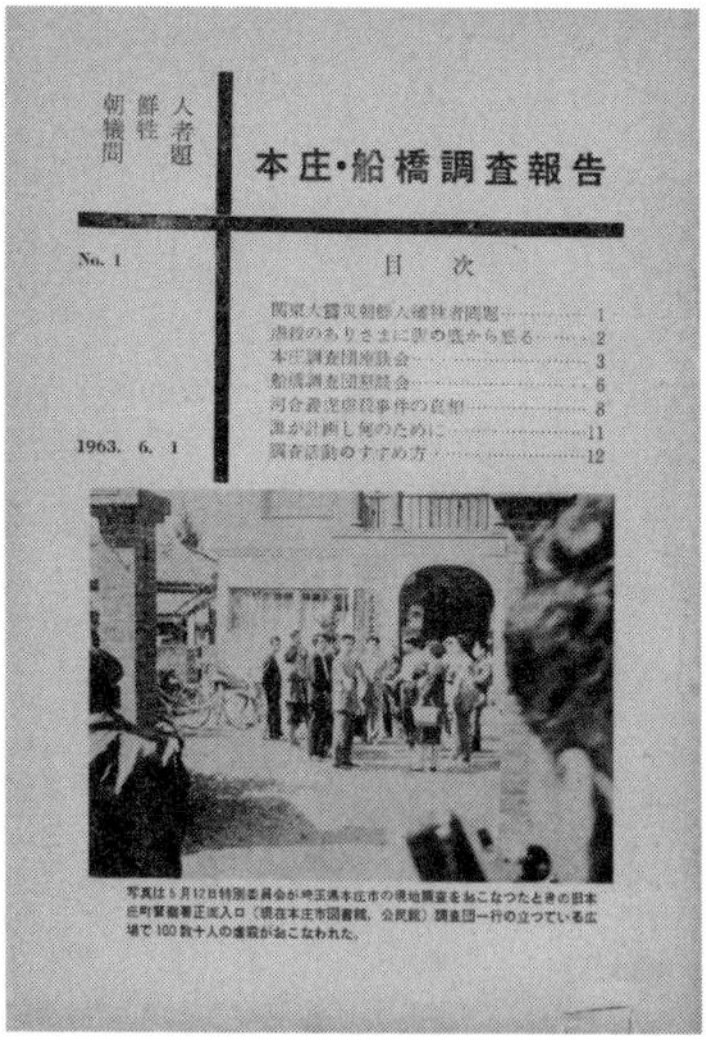

図15　日朝協会の朝鮮人犠牲者調査慰霊特別委員会による調査報告（1963年）

戦後の日朝協会による初めての現地調査及び調査報告であるが、このなかでは「陸海軍や警察権力」の責任については鋭く追及しながらも、朝鮮人虐殺を実行した日本人民衆については〝執行者〟に仕立て上げられた存在で、加害者としての自覚、責任という意識は感じられない。

山田昭次は、一九五〇年代に建立された上里町、藤岡市、本庄市の慰霊碑の、犠牲者が「悲惨な最期を遂げた」などと日本人民衆が虐殺者だったことを省いた碑文から「朝鮮人犠牲者を追悼する気持ちはあっても、朝鮮人虐殺の責任の所在を明確にする歴史的責任の自覚が五〇年代では日本人に成熟していなかった」と評している。*[13]

一九六三年の関東大震災四〇周年における日朝協会の調査・追悼の運動でも、同じように日本人民衆の反省や加害責任の自覚という視点の弱さは引き継がれていたというべきだろう。

2　一九七三年五〇周年調査と加害責任の自覚

一九六五年にアメリカは北ベトナムへの空爆を開始し、その後地上軍も投入してベトナム戦争は激化していったが、その中で日本はアメリカ軍の出撃基地、兵站《へいたん》基地として大きな役割を果たしていた。一九六〇年代後半から一九七〇年代、世界でも日本でもベトナム戦争反対の運動が高まった。なかでも小田実《まこと》が中心的なメンバーであった「ベトナムに平和を！市民連合」（通称「べ平連」）の運動は、被害者体験に根差した日本人の戦争観に見直しをせまり、加害者としての自覚を提起するものだった。[*14] 小田は、過去の日本の戦争でもベトナム戦争に加担する日本社会でも、一人ひとりが加害者の側に加担していないかという点を鋭く問うたのである。

一九七三年の震災五〇周年を一つの節目として、市民や教員によって関東大震災時の朝鮮人虐殺事件の調査、追悼の運動が始まるが、小田が提起したような日本人の加害の視点を意識して虐殺事件をそれぞれが自分自身の問題として考えて取り組まれたように思う。

日朝協会豊島支部の聞き取り調査

一九七三年九月一日、震災五〇周年に合わせて日朝協会豊島支部は『民族の棘　関東大震災と朝鮮人虐殺の記録』を出版している（図16）。内容は震災と朝鮮人虐殺に関わる証言と関係資料で構成されているが、豊島支部の会員によって取り組まれた聞き取り調査に注目したい。

この取り組みの動機について、豊島支部長の奥保男は次のように述べている。

この事件について生きた証言で肉づけしておかないと自分自身の問題にならないと思ったからです。だから、私たちはききとり、証言を集めるにしても著名な人ではなく、普通の人というか庶民からきくことに重点をおきました。ふつうの人がその時何をしたのか、その人たちの朝鮮観はどういうものなのか、政府や権力の政策を知るだけでなくその人たちのものの見方をつかんでおかないと、あんなことはもうくり返すまいと思っても、手がかりをつかめないとおもうのです。

豊島支部の青年労働者たちは、関東大震災時の朝鮮人虐殺を自分自身の問題として受け止め、虐殺を引き起こした普通の日本人の朝鮮観の問題点をつかまなければならないと考えたのである。それは、排外的な朝鮮観、朝鮮人に対する加害責任を問うことでもあった。

朝鮮人に対する迫害に関わる聞き取りをしたこまつみゆきは、その印象について、「あまり語りたがらず、単なる見聞者であったような態度が往々にしてみられる」「古傷に触れて欲しくないというところ」が見られるとし、続けて次のようにまとめている。

聴きとりに応じてくれた方々のほとんどは、当時は井戸に毒を投げたという流言蜚語《ひご》

図16　日朝協会豊島支部による調査記録（1973年）

があり、恐怖から惑乱していたとしても、今日にいたるまで震災時における朝鮮人の大量虐殺に対しては、悔悟の念をもっていなかったということです。（中略）そこにはかつての日本民族が抑圧民族、帝国主義的民族として朝鮮人をはじめ中国などの東南アジア諸民族への狂暴な植民地的抑圧のうえに、それをふみ台として生活をいとなんでいたということの後暗さなどきくことはできませんでした。（中略）日中戦争における中国人への贖罪感以上に朝鮮人に対して、みずからがおこなってきたことへの反省はその精神構造から抜けおちているように思いました。*15

「政府や権力の政策」だけでは「イメージとしてはピンとこなかった」朝鮮人虐殺事件だったが、聞き取り調査を重ねその証言を皆で討論するなかで、特別に歴史を学んでもいない彼ら彼女らは、日本人の排外的な朝鮮観、虐殺に関わった日本人民衆の責任について、確実に認識していったのである。こうした認識を後押ししたのが「中国人への贖罪感」であったようだ。前年一九七二年の日中国交回復と日中戦争での日本軍の戦争犯罪を告発した本多勝一のルポルタージュ『中国の旅』（朝日新聞社、一九七二年）の出版は、日本の戦争の加害性を認識させるきっかけになっていたからだった。*16

豊島支部の聞き取り調査には関わらなかった日朝協会江戸川支部の中学校教員油井鈴枝は、この時の証言を借りて、三年の生徒に読んで聞かせて「関東大震災を考える」という感想を書かせている。このなかで、生徒の一人・S君は「精神的に混乱している人たちをだます政府はあくどいが、大多数の人々がだまされてしまった。その結果このような事態をまねいてしまった。いくら精神が混乱しているからといっても、それはただのいいわけである。混乱時、国民が現実を直視できなければまた同じあやまちをくりかえしてしまうだろう」と書いている。*17

S君の「現実を直視」という言葉はおそらく「真実を見抜く」という意味なのだろう。政府は「あくどい」し責任はあるが、だまされたというのは「いいわけ」であり、国民はだまされないように真実を見ることができなければ再び朝鮮人を虐殺してしまうと、国民の自覚を求めている。S君は日本人民衆の責任について考えていたのだろう。

『かくされていた歴史』と石田貞の実践

一九六〇年代後半から七〇年代前半にかけて、公害問題や福祉問題など高度経済成長の矛盾が深刻となり、各地で住民運動が高まり、都市の環境や福祉の充実をかかげた革新勢力が地方自治体の首長選挙で勝利し、革新自治体が次々と誕生していた。京都・東京・大阪に次いで、一九七二年には沖縄県で「復帰」後はじめての県知事選挙がおこなわれ、屋良《やら》朝苗《ちょうびょう》革新知事（一九六八年には琉球政府主席に当選）が誕生し、同じ年埼玉でも畑和《はたやわら》革新知事が生まれた。

一九七三年七月、日朝協会埼玉県連合会の呼びかけにより、「関東大震災五十周年朝鮮人犠牲者調査追悼事業実行委員会」が結成され、名誉実行委員長には前年に当選した畑和埼玉県知事が就任した。現職の知事の名を冠した実行委員会による調査・追悼事業になったことにより、県内の社会党・共産党ばかりでなく、保守系も含めた県内の多数の市町村長、議会議長合わせて一一一人が事業の賛同者として名を連ねる県民総ぐるみの取り組みになった。

この実行委員会の中で、日朝協会埼玉県連合会と埼玉県歴史教育者協議会が事務局団体となり、全県的な調査活動の一翼を担った。なかでも調査の中心となったのは、当時県立熊谷女子高等学校の教員だった石田貞だった。石田は毎日のように放課後、自転車で関係者宅を回っては聞き取りを行い、北部地域の事件を精力的に調査した。

一九七四年に出版された『かくされていた歴史』（旧版、図17）では、四〇周年頃には十分に意識されていなかった植民地支配の歴史認識、日本人の排外的な朝鮮観、民衆の加害責任について、「『朝鮮人は殺してもいいと思った』という民衆の内面にひそんでいた植民地民族としての朝鮮人に対する偏見意識」に注目しなければならないと言及し、その解明のためには日本帝国主義の植民地支配の実態を見なければならないとしていた。おそらくこの文章は『かくされていた歴史』編集の中心になっていた石田貞によるものであろう。

一九八五年二月六日、埼玉県高等学校社会科教育研究会歴史部会の北部専門委員会は、三学期研修会のテーマに「関東大震災における朝鮮人虐殺」を取り上げた。午前中は熊谷女子高校を会場に、『大正の朝鮮人虐殺事件』（鳩の森書房、一九八〇年）を出版した北沢文武（上里中学校）が本庄と寄居の事件について、石田貞が熊谷の事件について、それぞれ詳細な報告を行い、午後には熊谷と本庄の事件に関わる地域のフィールドワークを実施した。この研修会は県教育委員会の許可の下で行われたもので、全県から一一二人もの高校社会科教員が公務出張で参加した。朝鮮人虐殺事件をこれだけ多くの教員が学んだことは、その後の埼玉の社会科教育に少なくない影響を与えたと思う。教員七年目だった筆者もこの研修会に参加したが、この日のことは非常に強く記憶に残っている。

この時石田は、朝鮮人虐殺事件を授業で扱っていく視点として次のように述べていた。

> 民衆を虐殺に走らせた責任は、通牒《つうちょう》によって「不逞《ふてい》鮮人の盲動」ありとして警戒と適当な方策をとることを要請した官憲側にあることは明らかである。しかし、流言と通牒によって虐殺に走ってしまった民衆のありようは鋭く反省されなければならない。そこには、朝鮮の独立を奪い併合していった日本の侵略政策の中に民衆自身がとりこまれてしまった姿を見ることが出来るのではないか。*18

朝鮮人虐殺の責任は帝国日本にあることは明らかだが、その植民地支配政策にとりこまれた日本人民衆に対しても反省を求めなければならないとしたのである。一九七三年に自ら聞き取り調査を行い、『かくされていた歴史』

図17　日朝協会埼玉県連合会による『かくされていた歴史』(1974年)

の編集に携わった石田は、植民地支配政策に取り込まれた民衆の姿と意識、つまり日本人民衆の加害責任を朝鮮人虐殺事件の教育実践に位置付けるべきであると主張したのだった。

熊谷女子高校日本史部の取り組み

朝鮮人虐殺の事実が高校の教科書に登場するのは、一九七三年の五〇周年を機に千葉、埼玉、東京で、教員や市民団体が事件の調査と犠牲者追悼を行うようになった時期とほぼ一致する。この頃の記述は「大震災の混乱に際して、多くの朝鮮人や社会主義者が殺される事件もおこった」(『精選日本史』〔改訂版〕山川出版社、一九七三年)というほどの内容で、現行の高校日本史教科書と比較すれば、記述量はかなり少ない。*19

一方、一九七五年に姜徳相の『関東大震災』(中央公論社)が一般向けの新書として刊行され、また同年『歴史の真実　関東大震災と朝鮮人虐殺』(現代史出版会)も出版されており、こうした中で一般の教員もこの事件に関心を持つようになったと思われる。

後者の『歴史の真実』は、一九七三年に東京を中心にして結成された関東大震災五十周年朝鮮人犠牲者追悼行事実行委員会の調査委員会の活動を集約したもので、調査の担当は歴史学研究会・歴史科学協議会・歴史教育者協議会(歴教協)があたり、調査委員会の委員長には歴教協委員長の高橋磌一《しんいち》が選ばれていた。[20]

そして、同じ一九七五年に歴教協の黒羽清隆、鈴木亮らによって『学習資料日本史』（ほるぷ教育開発研究所）が出版されている。この資料集は、高校生向けの副教材というよりも教員向けの日本史資料集といってもよいような詳しい内容で、近現代史をかなり重視して編集されている。「関東大震災」というテーマには二ページを使い、朝鮮人虐殺に関して四つの史料を載せている。「内務省警保局長の全国地方長官宛電文」、「ジュウゴエンゴジッセン」（壺井繁治「拾五円五拾銭」）、「ある歴史家の回想」（高橋磌一「関東大震災四〇周年にあたって」）、「吉野作造の批判」（吉野作造「朝鮮人虐殺事件に就いて」）であるが、高橋の回想には子どもの頃に目撃した、一人の朝鮮人を群集が虐殺する凄惨な場面があり、民衆の加害責任を考えざるをえない内容である。

以上の経緯から、朝鮮人虐殺事件が教科書に記述されることが定着し、教員が授業で扱うようになったのは七〇年代後半からのようである。この中で、五〇周年を機に取り組まれた市民団体による事件の調査と犠牲者追悼の成果を、いち早く歴史教育に生かすべく動き出したのは歴教協だった。

こうした状況のもとでの教育実践として、埼玉県立熊谷女子高校での取り組みを見てみよう。一九七三年の埼玉での五〇周年の調査・追悼事業、翌年の『かくされていた歴史』の出版にも影響され、おそらくこの頃から埼玉の教員も朝鮮人虐殺事件について教室で語り始めたようである。当時、熊谷女子高校に在職していた石田貞も何らかのかたちで生徒たちに語っていたであろう。一九七五年、熊谷女子高校日本史部（生徒の部活動の名称）の生徒は、この年度のテーマを「関東大震災のときの朝鮮人虐殺事件」にすることを決め、出版されたばかりの『かくされていた歴史』を読んでまとめるだけでなく、熊谷・上里での聞き取り調査、事件現場のフィールドワーク、生徒へのアンケート調査、慰霊祭への参加、座談会の開催などを行っている。これらの取り組みをまとめ、会誌『もの、ふ』第三号（一九七五年）に五八ページにわたって報告している（図18）。

当時の顧問は長島二三子と福田好男で、石田貞は日本史部の顧問ではなく、直接指導する関係ではなかったが、フィールドワークの案内、慰霊祭参加、座談会などでかなり協力していたようだ。[*21] なお、長島二三子は埼玉の女性史の研究では草分け的な存在でもあった日本史の教員である。

以下、『もの、ふ』第三号から日本史部の取り組みを見ていきたい。まず、テーマ設定について、顧問は「部長が中学生当時に話を聞いていて、興味をもっていたのと、最近この種の研究が、さかんになってきたことも影響していると思う」と書いており、当時の中学校の教員が事件について話すような状況であったことが窺《うかが》われる。

ある部員は、生徒アンケートで「事件を知っていますか」との問いに七〇パーセントが「はい」と答えたことに対し、これほど多いことに「意外だ」と感じつつ、「それに対して、一部の先輩の方々の直隠《ひたかく》しの態度や、全体的に感じられる、『腫物《はれもの》にはさわらない』という傾向には、多少の矛盾が感じられます。若い人達は、事件の事を知りたがっていると思います。皆が正しい事を知っていれば、現在起こっている在日朝鮮人の就職差別や、日本人高校生の在日朝鮮人高校生暴行事件などはなくなると思います」と述べている。そして「過去の事実は、決して過去だけのものではありません。そんな事が、おぼろげながらもわかってきました」と書いている。朝鮮人虐殺事件を隠そうとする先輩の姿勢を批判し、事件の事実を知り、学ぶことが現在の日本人

図18　埼玉県立熊谷女子高校日本史部による『ものゝふ』（1975年）

の排外主義的な朝鮮観を見直すことに繋がるだろうと考えているのである。

また、九月一日に熊谷の石上寺で行われた「関東大地震殉難朝鮮人慰霊法要」に参加した部員は、朝鮮の人が朝鮮語で堂々と挨拶をしたのを聞いて「なんだか自分がとってもはずかしく」なったと書き、「私は、朝鮮人虐殺事件を調べて来て、はからずも、加害者である日本人としてのうしろめたさをかんじていたのです。（中略）しかし、いつまでも過去の事実に固執して、罪の意識を感じるとか感じないとかいうことは、あまり意味のないことのように思われてきました。むしろ、私たちは、そういうことをしっかりと把握し、理解したうえで、現在、これからをどのように考えていくか、その方が、余ツ程《よっぽど》大切だと思いました」と書いている。この生徒は、日本人の加害責任をしっかりと理解しながら、今後自分自身がどのような朝鮮観を形成し、生きていくのかが大事だと考えているのだ。

熊谷女子高校日本史部の生徒たちは、五二年前に地域で起こった朝鮮人虐殺事件を調査し、犠牲者を追悼する中で、日本人の加害責任に向き合い、自分自身の問題として考えたのである。教室の中の歴史教育だけでは経験できない様々な取り組みを通して、日本史部の生徒たちは確実に歴史認識を深めていった。

一九七〇年代の後半、関東大震災時の朝鮮人虐殺事件に対する認識は、少なくとも歴史教育の中ではようやく日本人民衆の加害責任に向き合うところに至ったといえるのではないだろうか。

加害の事実を具体的につかむ

日本人民衆の排外的な朝鮮観、差別意識、加害責任の問題に向き合うようになったのは、一九七〇年代に入って日朝協会や歴教協の市民や教員による聞き取り調査活動、地域の掘り起こし運動からだった。一九七三年、震災五〇周年を契機に取り組まれた日朝協会豊島支部による聞き取り活動と『民族の棘《とげ》』の刊行はその先駆けだった。豊島支部の青年労働者たちは、関東大震災時の朝鮮人虐殺を自分自身の問題として受け止め、虐殺を引き起こした普通の日本人の朝鮮観の問題点をつかまなければならないと考え、聞き取り調査に取り組んだ。その中で排外的な朝鮮観や民衆の責任についての認識を深めていったのである。

同じく一九七三年に埼玉の北部地域で自ら聞き取り調査を行い、『かくされていた歴史』の編集に携わった石田貞は、植民地支配政策に取り込まれた民衆の姿と意識、日本人民衆の加害責任を朝鮮人虐殺事件の教育実践に位置付けるべきであると主張していた。関東大震災時の朝鮮人虐殺事件が教科書に記述され、教員が授業で扱うようになるのは一九七〇年代後半からのようである。石田貞も関わっていた一九七五年の埼玉県立熊谷女子高校日本史部の生徒による取り組みは、加害責任に向き合った歴史教育の先駆け的な実践だったといえる。日本人民衆の加害責任に気付いた市民、教員たちは共通して、朝鮮人虐殺事件を自分自身の問題としてとらえ、自ら事件関係者への聞き取りを行い、自ら調査し、虐殺の現場、虐殺の態様、犠牲者と加害者の姿などをそれぞれ具体的につかむという作業をしていた。熊谷女子高校日本史部の生徒の取り組みも同様であった。

筆者自身、殺害された姜大興の傷の状態を記した「吉三郎メモ」の「傷所モ中々大ニシテ大ナルガ三四カ所　大小二十何カ所モアリシ」との記述を見て、血だらけになり、痛みに悶え苦しみ、絶命していった姜大興の最後の場面が、頭の中に映像化され、関東大震災時の朝鮮人虐殺の事実をあらためて突き付けられた思いがした。

日本人民衆による朝鮮人虐殺という加害の歴史を想起し、植民地支配の責任を自覚し、次の世代に語り継ぐとは、事件を自分自身の問題としてとらえ、事実を出来る限り具体的につかむという作業を行うところから始まるのではないかと思う。

高橋家の人々

最後にあらためて、染谷の区長高橋吉三郎の事件前後の行動と高橋家の人々について注目してみよう。吉三郎は、片柳村役場から埼玉県が発出した「移牒」の説明を受けた後、染谷にもどって「不逞鮮人」の「襲来」に備えて、関係者に連絡し、自警団を結成している。そして自警団員は刀や槍で武装し、三日の晩から夜警を開始する。検挙されたBは、吉三郎の家の井戸で刀を研いだと供述したようで、この件で吉三郎自身も警察で取り調べを受けている。吉三郎は犠牲者姜大興を虐殺した自警団の責任者であり、間違いなく加害者の一員である。

ところが、吉三郎は「スワ鮮人ノ襲来」「来ター」という声を聞いても、「虚言」ではないか「ウソナリト思ヒ」と書いているように、事件直前まで「移牒」が示すような「不逞鮮人暴動」を信じてはいなかったようだ。推測ではあるが、吉三郎は事件後のかなり早い段階で、犠牲者は「不逞鮮人」ではなく、区長である自分と自警団は大変な過ちを犯してしまったと気付いたのではないかと考えられる。

常泉寺に建てられた姜大興の墓の施主は「染谷一般」とあるが、区長であり、しかも常泉寺の有力な檀家でもある高橋吉三郎を抜きに建てられたとは考えられない。むしろ吉三郎自身が「染谷一般」というかたちで建てたと考える方が妥当ではないだろうか。しかも、当時の日本人は差別の意味をこめた「鮮人」という言葉を使っていたが、あえて「朝鮮人」とし「姜大興」と犠牲者の名前も刻み、位牌もつくって無縁仏にならないようにしていた。

そして、吉三郎は家族でお盆の墓参りに常泉寺の高橋家の墓に来ると、近くにある姜大興の墓にも線香をあげるように話していた。この父の姿を見ていた長男・武男もお盆には姜大興の墓に線香をあげ、子どもの隆亮に事件の話を伝えている。

『かくされていた歴史』には、染谷の事件について二人の証言が載っているが、高橋武男はその一人である。「当時は村の者総出でやっちゃったわけなんです」と、染谷の人々皆が犯してしまった過ちという気持ちも読み取れる発言をしている。自警団を組織した区長の長男が証言するというのも勇気のいることだったであろう。

武男の三男・高橋隆亮は、大宮市議会議員を務めていたが、『大宮市史』に染谷での朝鮮人虐殺事件のことが何も記述されていないことを市当局に質し、追及している。その結果、大宮市は一九八五年に『大宮市史』別巻一を発行し、「関東大震災における大宮の朝鮮人殺害事件」という項を設け、染谷の事件の概要を二五ページにわたって記述している。そして隆亮は、二〇〇七年から日朝協会埼玉県連合会が始めた「朝鮮人犠牲者追悼会」では中心になって尽力している。

高橋吉三郎、武男、隆亮と染谷の事件との関わりを見ていくと、地元で起こしてしまった朝鮮人虐殺事件から目を背けるのでなく、加害の一端を担った日本人として事件に向き合ってきた姿を見ることができるように思う。

注

＊1　鈴木裕子「本庄富士紡争議」埼玉県労働運動史研究会編『埼玉県労働運動史研究』第一一号、一九七八年。この論文にいくつかの庄子の証言が収められている。

＊2　永田秋幸「党とともに道ひとすじ　埼玉・庄子銀助さん」日本共産党中央委員会編『月刊学習』一九八九年七月。

＊3　日本共産党北部地区委員会党史編集委員会編『埼玉北部における日本共産党史』（日本共産党埼玉北部地区委員会、二〇一一年）では戦前の庄子銀助の活動も触れられている。

＊4　鄭栄桓「解放直後の在日朝鮮人運動と「関東大虐殺」問題―震災追悼行事の検討を中心に」関東大震災90周年記念行事実行委員会編『関東大震災　記憶の継承』日本経済評論社、

二〇一四年。

＊5　朴慶植《パクキョンシク》編・アジア経済研究所「日本共産党と朝鮮問題」『朝鮮問題資料叢書』第一五巻、三一書房、一九九一年。

＊6　日朝協会朝鮮人犠牲者調査慰霊特別委員会、羽仁五郎『朝鮮人犠牲者問題　本庄・船橋調査報告』一九六三年六月一日。

＊7　山田昭次もこの慰霊碑に注目し、『かくされていた歴史』の庄子の証言などから「朝鮮人が建碑の原動力だった」としている（山田『関東大震災時の朝鮮人虐殺とその後』創史社、二〇一一年）。

＊8　＊4に同じ。

＊9　鬼頭忠和「9・1関東大震災朝鮮人犠牲者追悼碑の建立と50周年行事をふりかえって」日朝協会編『日本と韓国・朝鮮　平和と友好をめざして』学習の友社、二〇一五年。

＊10　加藤卓造「関東大震災の教訓―日朝協会の調査・研究活動」『歴史評論』第一五七号、一九六三年九月。

＊11　日朝協会埼玉県連合会編『一〇年のあゆみ一九六一―一九七一』一九七〇年。

＊12　＊10に同じ。

＊13　＊7に同じ。

＊14　吉田裕『日本人の戦争観』岩波書店、二〇〇五年。

＊15　こまつみゆき「関東大震災と朝鮮人虐殺―その記録づくりのなかで―日朝協会豊島支部」『歴史地理教育』第二一五号、一九七三年九月。
＊16　＊14に同じ。
＊17　＊15に同じ。
＊18　石田貞「関東大震災と朝鮮人虐殺―熊谷の場合―」埼玉県高等学校社会科教育研究会編『社会科研究集録』第二二号、一九八六年三月。
＊19　田中正敬は「高校の日本史教科書でもっとも早くからこの問題を取り上げたのは1956年発行の実教出版であるが、虐殺の記述は労働運動関連記述の中に埋もれるに過ぎない」とし、他の高校日本史教科書で具体的な虐殺関連の記述が現れるのは、五〇周年前後だとしている。田中正敬「戦後日本の歴史教科書と関東大震災における朝鮮人虐殺事件」（姜徳相・山田昭次・張世胤・徐鍾珍ほか『関東大震災と朝鮮人虐殺』論創社、二〇一六年）。
＊20　関東大震災五十周年朝鮮人犠牲者追悼行事実行委員会編『歴史の真実　関東大震災と朝鮮人虐殺』現代史出版会、一九七五年。
＊21　「石田先生の案内、照りつける道を、汗と渇きに苦しみながら、朝鮮人が辿った通りに歩いてみた」「石田先生に書いていただいた地図を手がかりに、石上寺への道をテクテク歩いているうちに、どうにかこうにか、慰霊祭にいくのだ、という自覚が、」などの記述

がある。また、座談会では「I先生」と表記されているが、石田であることは間違いない。

熊谷女子高校日本史部編『もの丶ふ』第三号、一九七五年。

あとがき

日朝協会埼玉県連合会は、二〇〇七年以来、毎年九月四日に犠牲者姜大興《カンデフン》の墓碑のある染谷の常泉寺で「朝鮮人犠牲者追悼会」を開催している。この追悼会は、当時県連の事務局長だった菅野隆が県連理事で常泉寺檀家の高橋隆亮、県連理事の筆者などに呼びかけて始められた。

追悼会の基本的な考え方の一つは、関東大震災時の朝鮮人犠牲者一般ではなく、具体的な犠牲者姜大興を追悼する会としていることである。九月四日に開催しているのは、この日が姜大興の命日だからである。もう一つは、事件の真相を調査し、地元や次の世代に伝えることを追悼会の中に位置付けている点である。不幸な過去の過ちを二度と繰り返さないために、朝鮮を植民地支配した帝国日本の歴史とその時代の日本人の差別意識に向き合い、歴史認識を深める学習を行ってきた。

常泉寺の小山住職に読経をお願いし、参加者がお線香をあげた後、本堂をお借りして学習と交流の会を約一時間実施している。その担当が筆者になったことが、染谷の事件を調べることになったきっかけだった。

二〇〇七年当時、筆者は埼玉県高等学校教職員組合の副委員長（専従）の任に就いていた。その後いったん高校現場（埼玉県立越谷北高校）に戻り、教員生活最後の担任をして、三年間本当に楽しく、教員冥利に尽きる毎日を送らせていただいた。生徒と職場の皆さんへの感謝しかない。二〇一二年から定年退職するまでの二年間は、中央執行委員長として再び組合活動の専従となった。従って、九月四日は何とかやり繰りをして休暇を取り、学習会の講師をしてきたが、まったくと言ってよいほど研究はすすまなかった。

定年退職し、一橋大学の大学院に入学したものの、二〇一九年三月までは週三日程、再任用というかたちで高校の勤務が続いていたので、研究はなかなかはかどらなかった。しかし、高橋さんのご自宅から、事件当時の区長関係の文書や「吉三郎メモ」など新しい史料を発見することができ、研究の展望がしだいに広がってきた。また、自分の子どもよりずっと若い院生の皆さんと勉強したり、飲んだりするのは楽しかった。とくに、若い皆さんがこんな年寄りとも気兼ねせずに付き合ってくれたのには本当に感謝の気持ちでいっぱいだった。六五歳になり、再任用が終了してからは院生研究室も借りて、ようやく本格的に研究に時間を使うことができるようになり、不十分ながら二〇二一年にやっと博士論文をまとめることができた。

この博士論文を基礎に、埼玉における関東大震災時の朝鮮人虐殺事件についてまとめることができた。そして、事件から一〇〇年を迎える二〇二三年に本書を出版するはこびとなったのは、意味あることだと感じている。

振り返ってみると、高橋隆亮さんはじめ日朝協会の皆さん、専従の時には書記局の仲間、高校の生徒と職場の皆さん、院生の若い皆さん、多くの方々に支えられてこの研究が続けられ今日に至ったのだと思う。皆様に心から感謝申し上げる。

最後に、この間忙しく新日本婦人の会浦和支部の専従として活動しながら、何も言わずに私を支えてくれた妻、雅子に深く感謝する。

二〇二三年六月

関原正裕

関原正裕（せきはら・まさひろ）

1953年生まれ。日朝協会埼玉県連合会会長、本部執行役員。

さいたま教育文化研究所副所長。

一橋大学社会学部卒業。一橋大学大学院社会学研究科博士後期課程修了。1978年から2019年まで埼玉県立高校社会科教員。

2012～13年埼玉県高等学校教職員組合中央執行委員長。2018～22年歴史教育者協議会副委員長。

著書に『知っておきたい 日本と韓国の150年』（学習の友社、2020年、共著）、『創られた明治、創られる明治』（岩波書店、2018年、共著）など。

関東大震災《かんとうだいしんさい》　朝鮮人虐殺《ちようせんじんぎやくさつ》の真相《しんそう》――地域《ちいき》から読《よ》み解《と》く

2023年 7 月 25 日　初　版

著　者　関　原　正　裕
発行者　角　田　真　己

郵便番号　151-0051　東京都渋谷区千駄ヶ谷 4-25-6
発行所　株式会社　新日本出版社
電話　03（3423）8402（営業）
03（3423）9323（編集）
info@shinnihon-net.co.jp
www.shinnihon-net.co.jp
振替番号　00130-0-13681

印刷　亨有堂印刷所　　製本　小泉製本

落丁・乱丁がありましたらおとりかえいたします。

ISBN978-4-406-06759-1 C0036　Printed in Japan

関原正裕（せきはら・まさひろ）

1953年生まれ。日朝協会埼玉県連合会会長、本部執行役員。

さいたま教育文化研究所副所長。

一橋大学社会学部卒業。一橋大学大学院社会学研究科博士後期課程修了。1978年から2019年まで埼玉県立高校社会科教員。

2012～13年埼玉県高等学校教職員組合中央執行委員長。2018～22年歴史教育者協議会副委員長。

著書に『知っておきたい 日本と韓国の150年』（学習の友社、2020年、共著）、『創られた明治、創られる明治』（岩波書店、2018年、共著）など。

関東大震災《かんとうだいしんさい》　朝鮮人虐殺《ちょうせんじんぎゃくさつ》の真相《しんそう》——地域《ちいき》から読《よ》み解《と》く

2023年 7月 25日　初　版

著　者　関　原　正　裕
発行者　角　田　真　己

郵便番号　151-0051　東京都渋谷区千駄ヶ谷 4-25-6
発行所　株式会社　新日本出版社
電話　03（3423）8402（営業）
03（3423）9323（編集）
info@shinnihon-net.co.jp
www.shinnihon-net.co.jp
振替番号　00130-0-13681

印刷　亨有堂印刷所　　製本　小泉製本

落丁・乱丁がありましたらおとりかえいたします。

ISBN978-4-406-06759-1 C0036　Printed in Japan